Manu Erena

Quiere mucho, pero nunca te olvides de quererte a ti

Colección de poemas

Papel certificado por el Forest Stewardship Council®

Primera edición: noviembre de 2025

Printed in Spain – Impreso en España

ISBN: 978-84-666-8310-4
Depósito legal: B-17360-2025

Compuesto en M. I. Maquetación, S. L.
Impreso en Rodesa
Villatuerta (Navarra)

BS 8 3 1 0 4

Índice

Prólogo 9

Consecuencias de decir te quiero 11
Nos quedarán más atardeceres 95
Aunque vuelvas a tener miedo 173

Poemas inéditos 257

Agradecimientos 283

El arte es para consolar a aquellos
que están rotos por la vida.

Vicent van Gogh

Prólogo

Me llamo Manu. Acabo de cumplir veinte años y escribo esto desde mi habitación del pueblo, el mismo lugar donde empecé a escribir a los catorce y donde he sentido cada una de estas páginas. De alguna manera, he guardado toda mi adolescencia en cuadernos, en notas del móvil y en documentos de ordenador. A veces en forma de poemas, y otras en textos que hablan de otros, pero que, en el fondo, siempre hablan de mí.

Escribí *Consecuencias de decir te quiero* como un intento de conocerme un poco más a mí mismo. Fue mi forma de aprender a crecer cuando todo parecía demasiado difícil. *Nos quedarán más atardeceres* fue una carta de perdón hacia mí mismo. El primer amor muchas veces te arrastra hasta perderte, y tuve que obligarme a escribir sobre personas que quedaron atrás y que, de algún modo, siguen conmigo. Escribí para recordarlas, pero sobre todo para descubrir quién era yo cuando todo lo demás desaparecía. Para saber que formo parte de la generación de las mariposas. Y, justo antes de cumplir los dieciocho, publiqué *Aunque vuelvas a tener miedo*. A esa edad todo parece estar a punto de transformarse, y el vértigo es inevitable. Necesitaba hablarle a personas como Ander, que tienen tanto dentro que no saben cómo expresarlo, y también hablarme a mí mismo. Para atreverme a cambiar, a sentir, a buscar mi lugar en el mundo.

La poesía me ha ayudado a descubrir quién soy, a abrazar mi vulnerabilidad, a luchar por mi identidad, a aprovechar cada atardecer, a enfrentar mis miedos, a decir los «te quiero» que están por llegar. A sentirme como el hombre en el que quiero convertirme.

Hoy recojo cada pedazo de mí que dejé en el camino y reúno las letras que me ayudaron a sanar y a querer. Aquí incluyo también algunos de los poemas que escribí en estos tres últimos años, sin pensar cuándo verían la luz.

Quiere, quiere mucho. Pero nunca te olvides de quererte a ti. Hace años creí que tenía tanto dentro que no sabía cómo expresarlo.

Hoy leo estas páginas y me agarro fuerte de la mano para recordarme que nunca quiero dejar de hacerlo.

Consecuencias de decir te quiero

Dañarse, encontrarse y curarse

Dañarse, encontrarse y curarse: ese es el ciclo.
Puede que tarde mucho tiempo
en aceptar que todo
se quedó en una triste despedida,
en aceptar que el daño que me hiciste
detonó una bomba
que había dentro de mí;
una bomba que se había
fabricado durante años
llenos de causas perdidas.

Ahora, después del caos,
renace una flor, aparentemente sensible.
Lo que nadie sabe es
lo que esa flor lleva vivido.
Y ha aprendido de sus errores.

Se acabó

Se acabó
lo que hacía que siguiésemos juntos,
sabiendo que todo esto
era simplemente algo efímero.

Se acabaron
las mil y una canciones
que nos dedicábamos
aquellas noches de verano,
los atardeceres
que pasaba junto a ti.

Se acabó.
Y sí, te echo de menos,
no sabes cuánto,
pero nuestra canción
terminó hace tiempo.

A quién vamos a engañar

Hace poco pensaba
que la mejor forma
para no mojarme durante la tormenta
era meterme en ella.

Mis lágrimas me hacían creer
que era cierto que el tiempo
lo curaba todo,
y que después volvería la calma.

Pero eso acabó.
Mis ojos fueron obligados a abrirse,
y ellos solo querían seguir soñando
una realidad paralela para evitar los golpes.
Esos golpes que poco a poco
convertían mis fuerzas en caídas.
Esos golpes que me hicieron ver
que lo perfecto no existe.

Me tocaría ser fuerte
y afrontar que la vida
puede abandonarte en tu propio desastre
en cualquier momento,
y a nadie le va a importar.
Y sí, es muy bonito

pensar que nunca te dejarán
por otros atardeceres
llenos de constelaciones,
cuando tú eres una simple estrella.

En realidad, siempre seguiré esperando.
Esperando a que volvamos a ser
nosotros de verdad.

Cansancio

Me apetecía volver a ser
un niño de ocho años,
y olvidar el caos que tenía encima.

Verdades

En teoría,
nunca deberíamos dañar a las personas que realmente queremos. Nunca deberíamos mentir a quien ha estado siempre para ayudarnos. Nunca deberíamos desconfiar de aquellas que más de una vez han creído en nosotros antes que en ellas mismas.

Pero aun así lo hacemos. Porque nunca llegaremos a hacernos una idea de lo que de verdad representa una amistad.

Pues eso son las reglas:
Respeto.
Lealtad.
Confianza.

Es muy sencillo.

Madrugadas

Son las cinco de la madrugada
y todavía no he conseguido dormirme.

Pensando en todo lo que ha pasado
o puede llegar a pasar.
Pensando en las personas que se han ido
y en las que están por llegar.
Pensando en las mil y una formas
de pedirte que te quedes.

Pero en realidad no quiero.
No puedo.

Necesito que te vayas,
que me eches de menos,
que aprendas a valorarme,
que sepas toda la mierda que me tragué por ti.

Porque creo que yo ya he sufrido
y aprendido bastante.

Lucha

¿Podrías luchar,
sabiendo que Troya
sigue ardiendo?

Después,
lo único que quedará
serán cenizas.

Cenizas de un amor
que será destruido
por una batalla interminable,
de la cual
ninguno de los dos,
ninguno,
saldrá bien parado.

Segundas oportunidades

Hace poco me fijé
en la herida que tienes
como sonrisa, rota.

Llevas meses
soportando el viento
que intenta desgarrarte
por completo.

Hoy
vuelves a decir mi nombre,
y vuelvo a recordarte.

Me acordé de cuando
vivíamos nuestro día a día
sin querer perder ni un segundo.

Me acordé de cuando
pretendíamos curar
agujeros inmensos
en nuestra alma
con simple saliva.

Me acordé de cuando,
poco a poco,
se nos iban escapando
nuestros sueños de las manos.

Y hoy te he vuelto a sonreír.

Porque estoy dispuesto a intentarlo, otra vez.

Las razones

Puede que antes
de que me vaya
intentes salvarme del abismo,
pidiéndome que me quede
con un simple «no lo hagas».

Lo siento, pero no puedo salvarme,
ahora ya es tarde.
No os disteis cuenta
de cuando gritaba porque quería
que alguien me escuchase.
Mi cuerpo quiere dejar de respirar,
quiere dejar de levitar porque está cansado,
y la manera más factible de solucionarlo
es que todo mi ser descanse en paz.

Y no os culpo,
este adiós lleva escrito mucho tiempo
y no lo puedo posponer.

Ya la única salida que queda
es terminar con todo esto,
y con las lágrimas más puras que he derramado
te confieso que sé
que me vas a echar de menos.
Pero yo llevo sin verme una vida entera.

Cristal

Aunque no te diste cuenta
durante todo este tiempo,
nuestros actos fueron
los responsables de los hechos.

Mi piel empezó a ser de cristal,
y comenzó a rasgar
todo lo que se cruzaba a mi paso.

Sentía que todo
era sumamente frágil
y que era incapaz de impedir
que cortara cada sentimiento
que quedaba dentro de mí.

Nos quedaremos con la duda

Siente rabia
ese chico que está
tirado en el suelo,
llorando por ese adiós inesperado
de alguien que no debía irse
de su vida tan pronto.

Desea que ojalá
deje de importarle
que ya no estés,
desea decirte
con todas sus fuerzas
el «ya no te echo de menos
porque ya no me dueles».

Y en su cabeza sigue pensando
cuál es la manera más sencilla
para retroceder en el tiempo
y cambiarlo todo.

Pero,
mierda,
él no puede cambiar nada.

Puede que porque el adiós
estuvo escrito
desde la primera mirada,
o puede que porque
el culpable de todo esto
no sea él, y seas tú.

Nunca lo sabremos.

Sueños rotos

Son las 12.12 y está mirándote.
Tu silencio hace tanto ruido
que es lo único que llega a oír.
Le das bocados al tiempo, que manejas a tu antojo,
como si fueras un reloj retrocediendo continuamente.
Y él sigue mirándote,
queriéndote,
en un sueño en el que llegáis a ser felices juntos.
Del cual todavía no ha despertado.

Fue bonito hasta que dolió

Me he roto tantas veces
por dentro que ahora solo
quedan los susurros,
que pretenden salvarme
de este abismo.

Mis alas quieren volar
y siguen atrapadas
en este caos.

Yo solo quería dedicarte
hasta mis últimas palabras.

Yo solo quería
volver a sonreír después
de escuchar tu nombre.

Yo solo quería quererte.

Gritos

Necesitaba gritar,
romperme en mil pedazos,
dejar de sentir que mi cuerpo
se dejaba caer cada vez más.

Sentía que mi corazón ardía
cada vez que te veía.
Por el miedo,
ese puto miedo,
que lo impedía todo.

Y no me dejaba gritar.

Siempre

Puede que la última vez que te vea
no sea la más emotiva.
Puede que piense en ti durante horas
cuando ya no estés aquí.
Puede que me quede estancado
y que los versos de este folio
sean los únicos que me hagan sentir.

Necesito saber qué es lo que debería hacer
cuando algún día te busque
para refugiarme del frío y deje de encontrarte.
Porque siempre he pensado
que serías eterna.

Me hace feliz pensar
en todas las veces que has sonreído
al verme llegar a tu casa un domingo,
o después del colegio,
cuando solo con darme la mano
mi desastre se convertía en armonía.

Cada vez que me enfado con mamá,
pienso en ti,
en lo que le dirías para consolarme,
en tus «no te enfades con el niño».

Quiero que recorras
el mundo entero
y sigas soñando.

Porque puede
que nunca te lo llegue a demostrar
tanto como de verdad lo siento,
pero quiero que, cuando llegue
nuestro último adiós,
sea tan sincero como el amor
que me has dado siempre.

Gracias por cuidarme.
Gracias por enseñarme.
Gracias por hacerme feliz.

Duele

Ya no importa,
no importa nada.

Los pájaros que abandonaron su nido,
el soñador que olvidó sus sueños.

Las lágrimas que trajo la ausencia,
los niños que jugaban a sentir.

La ciudad desolada observaba
cada uno de sus movimientos, lentos;
y como ese niño que le daba
la mano a su padre echaría a volar
y solo quedarían simples recuerdos.

Ya no importa,
no importa nada.

Pero a la vez importa tanto.

Superarse

Déjalo ir si ves
que ya no puedes hacer nada al respecto.
Quédate en el suelo después de la hostia.
Imagina cuál sería
la versión perfecta de ti mismo.
Porque ya no quieres
seguir cortando a los demás,
ya no quieres seguir cortándote.

Déjalo ir si ves
que te vas a hacer daño,
cuando creas que ya
no podrás salir del bucle.
Porque no tiene sentido
continuar la historia si el protagonista
se está destruyendo poco a poco.

Déjalo ir si ves que no vas a ser feliz,
porque si no lo haces tú,
créeme,
no lo va a hacer nadie por ti.

Intentos

Decidí echarte de menos
e intentar dejarte ir.
Lo intentaba hasta tal punto
que las palabras se me atragantaban
formando un maldito nudo
en mi garganta.
Necesitaba gritar y soltarlo todo,
soltarte a ti.
Porque por mucho tiempo
que permaneciese en silencio...
seguiría pensándote.

Celeridad

Fue tan rápido como la luz.
Aquel momento,
entre tú y yo.

Queríamos que fuese eterno,
y duró apenas segundos.

Pero nosotros
queríamos la vida entera.

Lo he intentado

He intentado ser
una persona estándar.

He intentado llorar
con una película de amor
de esas que te deberían partir el alma.

He intentado fingir
que estoy bien con gente
que me ha dejado la puerta abierta,
haciendo que me congele.

He intentado aparentar
que lo tengo todo bajo control,
cuando en realidad
voy cuesta abajo y sin frenos.

Lo he intentado y he fallado.

Por más vueltas que le dé,
no conseguiré una respuesta lógica
para poder cambiar
esta realidad tan oscura.

Esta realidad que pretende destruirme.

Kilómetros

He llorado feliz
de saber que estás bien.
Hemos tenido
que aprender a querernos
a través de una maldita pantalla.

Porque solo nos separa
una simple cifra,
cientos de kilómetros
que no pueden indicarnos
cuándo será la próxima vez
que nos veamos.

Tenías ganas de comerte
el mundo conmigo,
de no rendirte nunca,
como siempre me has dicho.

Y te seguiré esperando
todas las vidas que haga falta,
porque no voy a conocer
a nadie que sepa
alegrarme los días
tanto como tú.

Desafíos constantes

Sentir que el peligro está cerca,
y aun así tirarte a la piscina.

Saber que es un amor pasajero,
y quedarte para conservarlo
lo máximo posible.

Necesitar de tu oxígeno
para no ahogarme.

Saber que va a salir mal,
pero querer intentarlo una última vez.

Querer quemarse

Quieres saber qué se siente
al entender que el final está cerca.
Suena a adrenalina.

No sabes cómo frenar para
no estrellarte en el último instante.
Como ese tren que coges
sin saber dónde te dejará,
como cuando dices
lo que realmente piensas.

Euforia, ¿no crees?
Sabes que la caída
puede ser jodida,
pero aun así quieres intentarlo.
Sabes que debes hacerlo.

Quieres saber
lo que realmente se siente
cuando estás a punto de quemarte.
Porque te gusta el caos,
y por eso crees que vale la pena
intentarlo una vez más.

La historia continúa

A veces los finales felices
terminan no siéndolo del todo:
acabas llorando,
con los sueños rotos
y sin saber cómo
seguir adelante.

Hasta que comprendes
que puede que no haya sido el final feliz
que tanto esperabas porque,
en el fondo,
la historia no ha llegado
todavía a su fin.

Tiempo

Hemos aprendido a valorar
todo lo que antes
ni nos parábamos a pensar.

Nos olvidamos de disfrutar al máximo,
porque nunca hemos sabido
entender la frase de «uno no sabe
lo que tiene hasta que lo pierde».

Siento no haberme podido despedir
en esta pausa.

Pero ahora hay que seguir adelante.
Hay veces en que nos sentimos abrumados
por lo grande que parece el mundo
y lo diminutos que nos sentimos.

Ese nudo en la garganta
por no saber qué será de ti.
Y, créeme, es difícil pensar
que el mejor día de tu vida
no ha llegado todavía,
pero llegará, te lo prometo.

Esos recuerdos que ahora
son poco más que humo
volverán a florecer.

Volveremos a florecer.

Reflexiones de sábado noche

Cuando no sé qué sentir,
escribo,
con las mil y una dudas
que se me pasan por la cabeza;
puede que me ayude a desahogarme
o, simplemente,
a organizar mis ideas.
A lo mejor
eso es lo que realmente
me gusta de esto.
Que me ayuda a descubrir quién soy.

El pez que decidió salir de su pecera

Érase una vez un pez que se pasaba los días en su pecera; era bonita, con un par de rocas y unas plantas verdes muy bien cuidadas. Dedicaba su tiempo a jugar con otros peces, sin preocupaciones ni miedos.

Pero, en el fondo, él sabía que ese no era su sitio; que, por muy bien que estuviese, allí no alcanzaría la felicidad. Y, aunque no lo creáis, decidió arriesgarse, decidió salir de la pecera.

Decidió cabalgar por sus sueños. No tenía ni la más mínima idea de qué sería de él, pero tampoco tenía miedo; no tenía las ideas claras, pero estaba dispuesto a arriesgarlo todo.

Ahora está en un mar con más peces como él, soñadores y luchadores, viviendo fuera de esa pecera que les impedía ser totalmente libres.

Debemos luchar por nuestros sueños, por jodido o difícil que parezca, porque nuestra vida no se puede limitar a una pecera.

Prefiero que llores

Prefiero que llores
y que comprendas
que, si te hizo tanto daño,
puede que no fuese para ti.

Prefiero que llores
y que la próxima vez
aprendas a levantarte más rápido.

Prefiero que llores
y que no vuelvas a perseguir
unos sueños que, realmente,
no son tuyos.

Prefiero que llores
y que sigas luchando.

A veces, llorar sana las heridas.

No te acostumbres

No te acostumbres
a que siempre esté ahí;
el tiempo se agota
y las ganas se pierden.
Es acojonante pensar en las noches
que he pasado llorándote.

Una simple mirada,
unos simples «ya nos veremos»,
un «ahora no puedo hablar»,
una mentira,
distancia.

Empieza y no sabes cómo termina;
y duele, sé que duele.

Arrugas en el alma

A veces ocurre,
la persona a la que amas
deja de estar ahí.

No puedes parar
pensando en su olor
en todas las tardes
en ese banco
y en las inolvidables
noches de verano.

Pero esa persona ya no está.
Tú no tienes la culpa de nada,
pero debes aprender a decir adiós.

Aprendimos demasiado tarde

Recuerda
todas las cosas
que queríamos conseguir.

Ahora,
todos los recuerdos
están obsesionados por buscar
una simple salida
para poder escapar de mi cuerpo,
aludiendo una y otra vez
a cuando me intentabas
acariciar el alma
sin querer romperme en mil pedazos.

Pero ahora,
mientras tus manos asolan
cada centímetro de mi piel,
lo único en lo que pienso
es que puede que nos juntemos
allí arriba.

Porque, después de todo,
creo que debajo de la tierra
nada nos espera.

Simplemente queríamos querernos.
Pero nunca llegamos a comprender
la palabra «amor».

Y, después de esta pausa,
la vida seguirá su ciclo;
y no tengo ni la más remota idea
de lo que nos deparará el futuro,
ni si nuestros caminos
volverán a cruzarse.

Tenemos que cambiar

Gracias a los que lucharon por nosotros,
hoy estamos aquí.
Nos sentimos libres
para amar a quien queramos.
Nos sentimos libres
para vestirnos como queramos.
Nos sentimos libres
para ser quien, de verdad,
queramos ser.

Pero nosotros seguimos
quitándole la libertad a los demás.

Resiliencia

Creo firmemente que todos hemos tocado fondo alguna vez en nuestra vida. Y si no, no pasa nada, ya lo tocarás. Porque es ley de vida caernos, y después levantarnos. Debemos demostrar que somos lo suficientemente fuertes como para seguir luchando.

En eso consistiría nuestra propia resiliencia, la capacidad que tiene una persona para superar las adversidades de la vida. Has de ser resiliente, y tienes que serlo por ti.

Las cosas buenas solo suceden si nos atrevemos a vivirlas, y para eso tenemos que dejar el pasado atrás.

Sé que es difícil, pero tienes que ser valiente.

No les hagas caso

No hacer lo correcto
también puede ser
una buena opción.

Esa adrenalina que sientes
al intuir que algo
no puede salir realmente bien,
cuando tus pulsaciones
se aceleran sin saber
si te vas a estrellar,
pero seguro de
que te volverás a levantar
y aprenderás de los errores.

Que les jodan a los tópicos,
el tiempo vuela
y la vida es un suspiro.

Estamos tan acostumbrados
a que nos digan
cómo debemos vivir
que siempre
nos olvidamos

de que la verdadera
meta en nuestra
vida es esa:
ser feliz.

Olas

El mar descansaba
en absoluto silencio,
con olas
teñidas de negro.
Y allí estaba yo,
pensando.
En el antes y en el ahora,
en lo que pudo ser y en lo que pasó.

Lo siento.
Tuve que hacerlo,
amarte en secreto,
abrazarte con una mirada,
tuve que hacerlo.
Porque quiero que seas feliz,
aun sin ser yo el motivo.

Y en unos días,
unos meses
o unos años,
cuando me rocen las olas,
me acordaré de ti.
De lo que pudo ser y de lo que pasó.

Mejor así

Mejor así,
sin ti,
sin tus besos,
sin tus mentiras.
Porque, realmente, durante todo este tiempo,
hemos aprendido a vivir el uno sin el otro.
Entendimos que cortar por lo sano era mejor
que seguir inundando nuestra habitación
de silenciosos llantos.
No podíamos forzar ese «tú y yo»
que tanto nos gustaba y que tan poco sentíamos.
Mejor así, nos ahorramos el daño.

El comienzo

Me gusta observar.

Me gusta tu sonrisa,
tu forma de ver el mundo.
Me encanta comprobar siempre
lo valiente que puedes llegar a ser
y cómo ayudas a los demás.

También me gusta contar
cada uno de los lunares
que te hacen ser tan tú.

Me gusta leerte como si fueses
el último capítulo del libro que tanto te engancha.

En resumen, me gusta verte feliz, me gustas tú.
Por si no te habías dado cuenta :)

Nankurunaisa

Nankurunaisa: con el tiempo todo se arregla

Nunca olvides quién eres. Vive por el hoy y por el mañana. Jamás dejes de sonreír y, por muy mal que haya ido el día, la semana, el mes, da igual.

Recuerda que después de la lluvia siempre vuelve a salir el sol.

He llorado

Quiero abrazar
a esa chica que está
en el baño mirándose
en el espejo,
llorando porque
no sabe valorarse.
Quiero decirle que es preciosa
y que no debería cambiar
nada para complacer a nadie.

También quiero ayudar
a ese niño que sufre en el colegio
por culpa de sus compañeros.
Quiero decirle que nunca
va a estar solo
y que no se olvide
de quién realmente es.

Porque no se merecen
estar encerrados entre
cuatro paredes que solo son
el principio de su viaje.
Porque tarde o temprano
empezarán a volar,
se sentirán tan altos

que olvidarán todo lo malo
por lo que han tenido que pasar.

Pero siempre recordarán
que deben ser conscientes
de que eres tú, y es tu vida.

Por ti, 17

Eres mi lugar favorito
porque haces que todo vaya bien,
me resguardas del frío
y paralizas el miedo
cuando lo necesito.

Me has dado fuerza
para seguir adelante
y olvidar todos los sueños rotos.

Porque el perdón más grande
te lo mereces tú.

Qué bonitas son las ganas
que inviertes cuando quieres
hacer sonreír a alguien.

Qué suerte tienen
los que han podido o pueden respirarte,
los que han podido o pueden sentirte,
los que han podido o pueden escucharte.

Quiero que estés orgullosa de mí,
igual que yo lo he estado siempre de ti,
porque me has enseñado

a querer como nadie,
así que te dedico todos
y cada uno de los días que tenga.

Porque, gracias a ti,
el cielo es mucho más brillante.

Que a cualquier libro le hubiera
encantado tenerte presente.
Que a cualquier historia le hubiera
encantado tenerte presente.

Porque me has salvado,
y nunca me cansaré
de darte las gracias,
que mis «te quiero»
sean los más sinceros
que te digan nunca.

Porque haces magia,
y estaría jodidamente dispuesto
a arriesgarlo todo

por ti.

Game over

La vida sigue.
Cambias.
La gente también cambia.
Los miedos crecen.
Pero tienes que ser fuerte.

Porque la vida sigue,
y, hoy en día,
quien se queda parado
pierde.

Despedida

Aprendí a decirte adiós,
mi cuerpo dejó de estar enredado
entre las mentiras que formabas a mi alrededor.

Mis ojos se ahogaban
simulando un naufragio
al que era imposible sobrevivir.
Terminaba nadando a la deriva
en un mar de lágrimas
que solo tú podías frenar.

Y, ahora, solo queda un mapa.
En el que no hay
tesoros ni incógnitas.

La equis era yo.
Era mi libertad.

Conseguí, justo a tiempo,
escapar de algo
que no iba a acabar bien.

Amor propio

Inexplicable.
Se pasaba los días
enamorado de sus propias letras,
porque nadie se había decidido
a dedicárselas nunca.

Y se las escribió a sí mismo,
porque la vida solo dura un rato,
y él no sabe cuándo tropezará
con esa persona,
cuando sus labios no deseen
besar otros.

Pero ahora es su turno,
él mismo va a cicatrizar
sus propias heridas.

Lo noto,
ese brillo en sus ojos
que le indica que algo
está haciendo bien,
que su historia
va a terminar bien,
porque ha sido él
quien ha decidido cambiarla.

Tienes que ser fuerte

Hay amores
que tienes que
encerrarlos en una caja.

Esa caja tiene un candado.
Y quiero que te atrevas a abrirla.
Porque tú tienes la llave.

Y el amor es demasiado bonito
como para esconderlo.

Arde

No pienso arder en el infierno
cuando mi silencio
no para de gritar,
no para de sentir
lo que de verdad está bien,
y no va a romperse para
mostrar algo que no ve justo.

Porque sé que pedir perdón
es irrelevante cuando
tu corazón sabe que los hechos van a repetirse.

Pero nunca podré callar mi verdad.
Aunque tenga que arder en el infierno.

Casualidades

Ojalá las personas
a las que les encanta
hacer felices a los demás
nunca falten.
Son aquellas que aparecen
justo cuando se para
el único tren del que
creíamos que nunca nos íbamos a bajar.

Hay veces que necesitas
que te agarren de la mano,
fuerte.

Hay veces que necesitamos
sentirnos seguros,
a salvo.

Ahí viene

Ahí viene,
con su sonrisa constante,
pisando fuerte,
dispuesto a arriesgarse
y con la esperanza de volver a sentir.

No tiene las ideas claras,
pero ahí viene,
dispuesto a intentarlo.

Tiene miedo de perder el tren,
pero esta vez va a intentarlo.

Siente como su corazón se congela
al pensar lo jodidamente difícil
que es una despedida,
ese adiós que algunas veces parece
que viene escrito en nosotros mismos.

Pero ahí viene,
dispuesto a intentarlo.

No pierdes nada por intentarlo

Ahora lloramos al recordar
a los que soñaban con el mar
y terminaron ahogándose
en su propio abismo,
a los que escribían miles
de historias que terminaron
sin ese final que tanto ansiaban,
a los que creían en los milagros
y terminaron
con el corazón perdido,
a los que intentaban
mirarse en el espejo
y no consiguieron verse.

Solo te pido que lo intentes.
No solo por ellos.

También por ti.

Cuando era niño

Cuando era niño
soñaba con ir a la Luna
y ver de cerca
cada una de esas estrellas
que me acompañaban tantas noches.

Soñaba con que algún día
todo lo que sentía iba a servir
para ayudar a alguien.

Soñaba con matar al maldito
monstruo que había
debajo de mi cama.

Lo que no sabía
era que dentro de unos años iba a tener
a aquella criatura en mi cabeza,
diciéndome lo que «realmente debía hacer»:
que dejara de escuchar al corazón,
que tantas madrugadas me había
tenido llorando por alguien
que en verdad no lo merecía.

Y, a día de hoy,
creo que el Manu de ocho años
estaría orgulloso,
porque he aprendido a curarme
cada una de las heridas
que me he hecho por querer demasiado.

He aprendido a levantarme, y a sonreír.

¿Para siempre?

Es lo que siempre dijimos,
ese para siempre
en el que confiábamos plenamente
sin dudar ni un segundo.

Y sé que creceremos.

Y sé que no será lo mismo.

Pero quiero que sepas
que nunca me olvidaré de ti.
Porque estuviste
cuando nadie estuvo.

Como dice el refrán

El día en el que a la primera
vaya la vencida,
en el que no prevengamos
antes que curar,
cuando preguntando
no se llegue a Roma.

El día en el que busquemos
y no encontremos nada,
cuando el clavo
no consiga sacar al otro clavo.

El día en el que la intención
no sea lo único que cuente
y en el que los ojos no vean
pero el corazón sí sienta,
entenderemos que no siempre todo saldrá
como se espera.

Y tendremos que vivir con ello.

Sonrisa

Cada vez que estoy contigo,
haces que tiemble,
que aparezcan esas mariposas
de las que todo el mundo habla
y que antes tenía atrapadas.

Porque no necesito ningún motivo
para sonreír durante horas
cuando te tengo al lado.

Y creo que eso es lo más bonito
que me puedes sacar siempre:
una sonrisa.

Cicatrices

He tenido que ser valiente,
afrontar todos los daños que
has dejado a tu paso y superarte.

He tenido que gritarle al miedo,
por ti, pero sobre todo por mí.
Porque no quería perderte,
pero tampoco quería perderme a mí.

He dejado de sanar corazones
hasta que consiga recuperar el mío.
Porque, tarde o temprano,
me he dado cuenta
de que me estaba consumiendo,
y no sabía cómo salvarme.

Pero tengo que empezar a sanar
mis propias heridas, una a una.
Sin personas que hagan de tirita,
no puedo evitar lo inevitable.

Y sé que duele este adiós, pero lo necesito.

París dejó de ser la ciudad del amor

París dejó de ser la ciudad del amor
desde que tú estás aquí.

Porque alteras todos mis sentidos,
cuando te veo,
cuando te rozo,
cuando te escucho.

Porque todas las canciones
me recuerdan a la manera
que tienes de sonreír.

Puede que seas mi quimera,
un sueño muy complicado
y difícil de conseguir.

Pero, mientras tanto,
me gustaría perderme contigo
por las calles de Madrid.

Me acuerdo de ti

Hay partes de mí
que me recuerdan a ti.
Después de todo,
cuando toco cada centímetro
de mi piel,
recuerdo aquellas palabras
mientras sollozabas.
Ese «lo siento»,
que pretendía arreglarlo todo.

Pero la historia continúa.
Y nuestros personajes se han dicho adiós.

Arriésgate

Arriésgate, por mí, por nosotros, pero arriésgate.

Te lo imploro, necesito ver que todo lo que he dado por ti es correspondido, o darme cuenta de lo contrario.

Pero arriésgate, porque nunca entenderás lo que sentí al darlo todo por ti, y sigo pensando que eres y serás mi serendipia.

Quiero ser artista

Mamá, papá, quiero ser artista.
Sabéis que siempre
he necesitado plasmar
en cualquier superficie
cada uno de mis pensamientos,
inventar una nueva historia
que me ayude a resolver la mía.

Nunca he sabido callar
cuando he visto cualquier injusticia,
siempre me he levantado
y he gritado.
Y le grito al «no puedo».

Porque quiero ser artista.
Siempre se ha escuchado
el famoso «lucha por tus sueños»,
pero qué poco lo ponemos en práctica.

Es lo que me llena:
saber que puede que una sola persona
esté leyendo esto
y decida comerse el mundo.
Creo que eso es lo más bonito,
el transmitir.

Coger un lápiz,
una goma
y una hoja de papel
y dejarme llevar,
destrozar mil y una páginas
hasta que consiga resolver
lo que me está jodiendo por dentro,
llenar de colores algo
que podría quedarse en un simple gris.

Porque quiero ser artista,
es lo que me llena.

Y es lo que voy a ser.

Final

Creo que mi final se dejó
de escribir hace tiempo,
desde el momento
en el que decidí
cambiarlo todo.

Ese adiós que pensaba
que sería insignificante
fue el que inició aquel borrón y cuenta nueva.

Creo que las respuestas que buscaba
hace años las tengo delante.
Porque perderte
solo fue un punto y aparte de esta historia
que acababa de empezar.

Que ya no quiero

No sé qué palabras
debo utilizar para hablar de mí.

Lo único que me dolía
no era que tú te fueras,
sino quedarme a solas conmigo.

Era darme cuenta
de que me acojonaba
lanzarme al vacío,
aunque fuese por huir de aquello
que me hacía daño.

Me dolía que dejaba
de quererme para quererte a ti.
Tenía a alguien dentro de mí
que no quería salir del bucle
y que me mataba cada vez
que intentaba borrarme de toda esta mierda.

Era un constante
«no estoy bien, pero ya se me pasará».
Mis ojos ahora se ahogan
porque saben que aún te sigo queriendo,
que debería retroceder

como cuando no sientes una canción
lo suficiente y la vuelves a poner
desde el principio.

Pero a veces también me acuerdo
de lo mucho
que he tenido que llorar
para poder entender que siempre
van a quedar
miedos, dudas,
y más despedidas.

Porque todo
lo que has dejado a tu paso
ha estado a punto de consumirme,
y ya me jodería no aprender de ello.

Oscuridad

Veo oscuridad a lo lejos,
al fondo.

Veo como se aleja,
pero cada vez hace más ruido.

Quiero ahuyentarla
porque no quiero seguir formando
parte de ella.

Veo oscuridad,
como un solo de guitarra.

El final de la canción está cerca,
todo es negro, pero no quiero irme de aquí.

Veo oscuridad,
pero no quiero seguir formando parte de ella.

Cadenas que no me dejaban volar

Ya no quiero cadenas
que no me dejen volar.
Intento acariciar aquellas marcas
que me recuerdan lo mucho que lo siento.

Aquellas marcas que me recuerdan
a cuando me bajabas una luna
que no era la mía,
a cuando las estrellas me daban igual
porque no era capaz ni de verme a mí.

Tengo miedo
de que alguien quiera rasgar en ellas
para ver cuál es mi historia.
Porque el problema es que la historia
que llevo escrita es errónea,
es adrenalina,
es euforia,
es un no quiero seguir haciéndome esto,
es un no quiero seguir sintiéndome así.

Últimamente vivo a base de recuerdos,
como si mi alma quisiera
dejar de existir,
pero mi mente sigue recordándome
todo lo que era antes de ti.

Ya sé lo que es estar sin ti

Ya sé lo que es
convertirse en una sombra.

Ya sé lo que es no poder dejar de pensar
en todo lo que me duele
hasta que recuerdo
que me he olvidado de pensar en mí.

Ya sé lo que es darte la razón
los 365 días del año,
aunque la mayor parte del tiempo
esté cortándome por dentro
porque sé cómo eres.

Y no tengo miedo.
Miedo tuve cuando
me di cuenta de que
yo te lloraba con canciones
que tú escribías con otra persona.

Miedo tuve cuando grité,
cuando sentí que mis cuerdas
ya no me podrían sujetar,
cuando vi que por mucho
que lo intentara tú no me podías
querer tanto como te había querido yo.

Miedo tuve cuando te fuiste.
Ahora que ya no estás, no tengo miedo.
Me lo arrancaste de raíz,
y solo dejaste todo lo que habíamos vivido.

Eres arte

Siempre cometes el error
de olvidar quién eres,
de acariciar tu cuerpo mientras
solo piensas en cambiarlo,
de imaginar cómo sería tu vida
sin esa parte de ti que detestas constantemente.

Tienes que dejar de intentar borrarte
para crear otra persona
completamente distinta a ti,
solo para dejar atrás todos los huecos
que hacen que tu historia tenga sentido,
aquellos que son pinceladas de tu ser
y que transmiten mejor que ninguno
qué quieres contarle al mundo.

¿Cómo quieres que te recuerden?
¿Como aquel que se pasaba los días
envidiando los cuadros del Louvre
sin darse cuenta de que él
era la pintura más importante de su vida?

Tengo frío

Ahora tengo frío.
Me vuelvo y no veo nada.
No veo a nadie.

Tengo frío,
y te imagino leyendo esto
sintiéndote como yo.

Aunque supongo
que ya no quieres venir a por mí.
Supongo que ya no te acuerdas.

Tengo frío
y me acuerdo
de aquellas primaveras
en ese banco contigo.

Tengo frío, porque sigo esperándote.

Mi refugio

Eres otra clase de dolor, uno adictivo.
Eres correr sin temer a lo que va detrás de ti.
Eres el miedo de la duda.

Por tus ojos,
tu manera de verlo todo,
de ayudarme a sanar mis heridas.
Por ser mi refugio,
en el que me siento seguro
cuando la guerra estalla.

Anestesia

Ojalá pudiera dedicaros
cada una de mis letras
por más desordenadas que estén.

Ojalá pudiera irme
y volver cada vez que
me sienta a la deriva.

Ojalá pudiera haceros sentir seguras
cuando el miedo se acerca
tantas veces como las que
habéis repetido esa canción
porque sabéis que me gusta,
como las que habéis hecho florecer
algo que estaba perdido.

Sois mi anestesia
mientras el daño permanece aquí.

Sois mis ganas de saltar al vacío,
porque sé que vais a seguir estando ahí.

Adiós

Después de este caos te digo adiós,
con las letras que has
dejado en mi cabeza
y más de una tormenta contra la que remar,
por no entender cómo habías
podido olvidarte de mí.

Te digo adiós con rabia al recordar
aquellos mensajes poco antes
de las cinco y veinte,
en los que te decía lo mucho que te quería.

Te digo adiós con todas las veces
en las que me he culpado a mí
porque no sabía verte con otros ojos.

Me despido de ti,
y ya curaré el daño que has dejado aquí.

Este me lo dedico a mí

No llegas a hacerte una idea
de todo lo que he tenido que luchar
para no perderte.

Porque eres así,
quieres mucho y a veces
te olvidas de quererte a ti,
pero eres como un final de temporada
en el que sabes que
acabará habiendo un giro inesperado,
como un viernes noche,
como cantar «Vas a quedarte»
a todo pulmón,
como reírte hasta sentir que
no puedes dejar de respirar,
como mirar una puesta de sol
y desear que no acabe nunca,
aunque en el fondo sepas
que siempre te quedarán más atardeceres.

Aprovecha lo que tienes,
confía en ti,
y no te olvides nunca de que,
aunque decir «te quiero»
puede llegar a tener consecuencias,
vas a seguir teniéndote a ti.

Querido lector:

Si has llegado hasta aquí, te doy las gracias por haberme dado la gran oportunidad de mostrar hasta el último milímetro de mi ser.

Espero que, cuando llegue ese momento en el que te sientas perdido y no sepas qué has de hacer, te acuerdes de gritarle al mundo lo que sientes; de arriesgarte por ti; de salir de la pecera si piensas que no es lo suficientemente grande para ti; y también de que hay personas que van a seguir estando a tu lado, independientemente del desastre que tengas en la cabeza. Acuérdate de que debes ser fuerte, de que hay despedidas que ya estaban escritas, y de que no deberían importarte simples tópicos o los kilómetros que te separan de los que más quieres.

Dañarse, encontrarse y curarse: los tres pasos para hallar la felicidad, esos que parecen tan sencillos pero a la vez son tan difíciles de dar. Confía en ti, porque yo lo hago.

Nos quedarán más atardeceres

Nuestra última puesta de sol

Las despedidas más inesperadas
son las que también se aferran a ti,
a tu cuerpo y a tu ser.

A veces podemos llegar a tener miedo
de conocer la otra cara
de las personas que nos han enseñado
a descubrir quiénes somos,
a gastar todas nuestras fuerzas
en no poder entender
por qué te duele lo que se suponía
que te debería de hacer feliz.

Hay momentos como los atardeceres
que son efímeros y que nunca quieres
que acaben, aunque sabes que en un momento
todo se puede volver muy oscuro.

En los que puedes gritar, pero nadie te va a escuchar,
en los que todo puede cambiar,
y tus lágrimas den comienzo a una nueva historia.

Algo más que un «lo siento»

Siento que me quedé
en una simple sombra.
Que no era suficiente.

Ahora me dices
que todo va a estar bien.
Pero no sabes que necesito algo más
que un «lo siento» para poder olvidarte.

Solo quiero evadirme de todo esto.
Solo quiero acabar con este silencio.
Porque no puedo ser feliz
cuando lo único
que quiero es dejar de sentir
que no debería estar ahí.

Había veces en las que lo replanteaba,
a lo mejor era mi manera de decirte te quiero,
o tal vez eran las mil vueltas que le daba
para buscarle una explicación
a todo lo que me hiciste.
Porque esta vez necesitaba
algo más que un «lo siento»
para poder curarme.

Porque ahora intento verme
en el espejo y solo te veo a ti.
Solo veo todo lo que hice
y donde acabé.

Intenté que abrieras los ojos
porque mi corazón pensaba
que era lo correcto.
Que el haber dejado de quererme a mí
tendría que haber servido para algo.

Pero ahora solo tengo miedos
y me he convertido en una simple sombra.

Una sombra que necesita algo más
que un «lo siento»
para poder seguir adelante.

Querido diario

He destrozado todas estas páginas
porque me recuerdan a ti,
a cuando fuimos sin frenos
porque pensábamos
que todo era para siempre,
a cuando tú todavía querías formar
parte de mí.

He quemado hasta el más
remoto rincón de mi inspiración,
porque solo hay restos
de una metáfora en la que
solo apostaba uno de los dos.

He destrozado todas estas páginas
porque ya no hay nadie que quiera
terminar de escribirlas conmigo.

Solo escribo cosas tristes

Me siento perdido.
Hay una especie de guerra dentro de mí
de la cual me es imposible salir sin
haberte olvidado antes.

Ya no tengo sueño,
tengo tanto dentro que solo
puedo estar escribiéndote cartas
sobre una almohada empapada.

Tengo tanto dentro que solo
puedo pensar en cómo olvidar
todo el daño que me has causado
para poder perdonarte y pedirte que vuelvas.

No quiero volver a pasar por tu esquina
sabiendo que la persona que creía conocer
no va a volver.

Te avisé muchas veces
de que esto podía pasar,
tenía miedo de abandonarte
y a la vez abandonarme a mí también.

Ahora no sé cuántos días de diciembre
voy a necesitar para poder cicatrizar
estas heridas que han ido
apagándome cada vez más.

Porque no quiero volverte a ver
y que mil voces en mi cabeza
me griten que te necesito
para poder seguir adelante.

Cuando encajas las piezas

Mirada perdida,
tocarle y a la vez
sentirle tan lejos,
un «hasta luego» que
no te da pena,
palabras que se quedan
en simples letras,
dejar de echar de menos
su olor porque te recuerda
a todo lo que
pretendes olvidar.

Ahí es cuando te das cuenta,
cuando encajas las piezas
de un puzle que en tu cabeza
nunca había tenido sentido.

(Hasta ahora).

Siento que soy insuficiente

Tengo miedo de irme de aquí
y olvidar lo mucho que me queda por decir.

Siento que soy insuficiente,
quiero extirpar ese nudo en mi garganta
que dejaste en mí cuando te fuiste.

Siento que quiero salir corriendo
a buscar a alguien que no sé si me espera,
o necesitar curar ese corazón que poco a poco se va
partiendo al imaginarse una nueva despedida.

Siento que soy insuficiente,
porque siempre me han dicho
que es bueno estar solo.
Que te ayuda a ver a quién dejas atrás
para encontrarte a ti mismo.

Mientras que lo único que quería
era quedarme con la tripulación
para no ahogarme en las olas.

Porque ahora solo siento que me asfixio
por intentar que estés bien,
en estas cuatro paredes
que solo me recuerdan a ti.

Pérdidas

He intentado buscarme en mil vidas,
pero me perdí intentando alejarme de ti,
pero me perdí intentando alejarme,
pero me perdí intentando,
pero me perdí.

Y ya no puedo volver a encontrarme.

Sin ti

Sin ti
ya no hay historia
ni capítulos
que no entiendan
de principios o finales.

Sin ti
ya no hay ningún personaje
que quiera arriesgarse tanto
para luchar contra
viento y marea,
ya no hay frases que
hagan que el lector
quiera congelar el tiempo.

Tú eras mi historia,
o gran parte de ella.

¿Cómo quieres que ahora siga
escribiéndola sin ti?

Vivir en la cuerda floja

A veces puedo vivir
dentro de una línea que separa
lo que realmente soy
y lo que se supone que tengo que ser.

Pero realmente siempre termino
escondiéndome en ella
y a la misma vez
dejándome en evidencia.

Porque demuestra que
no soy capaz de volver
a revivir pesadillas que
no he podido terminar de soñar
por la duda de si sería capaz de salir de ahí.

Debería ser valiente,
pero estoy harto de intentar serlo.
Solo quiero parar un minuto
o todos los que hagan falta,
hasta que consiga dibujar una línea
que indique un camino
en el que todos mis esfuerzos
sirvan para algo.

Para poder reencontrarme.

Desorden

Prefiero olvidar todas las salidas
para así no poder irme,
que mis ojos se apaguen
para que no me dé cuenta
del desorden que has dejado.
Prefiero mirar desde mi ventana
por si decides aparecer
para no tener que pensar
en un plan B.

Y creo que seguiré intentando
tapar todos esos errores
que fueron los que nos unieron
y a la vez nos destrozaron.

Engañarse a sí mismo

Siento que me estoy engañando a mí mismo,
que no voy a poder averiguar qué es lo que me pasa.

Siento rabia al ver que mis mejores letras
hablan de ti, las cuales no te mereces.

Qué rabia ver cómo sonríes
y la manera de llorar que tengo al recordarte.
Rabia al recordar el temor que tenía
de volverme a encerrar en tus ojos.
¿No has querido nunca dejar de sentir algo
por el miedo a seguir haciéndote daño?
¿O convertir el echar de menos en algo bonito?
A veces me pasaba.
Porque me sentía muy pequeño,
decía que iba a volverme a querer
como tú nunca lo habías hecho.
Pero sonrío con tristeza,
porque en el fondo me gustaría
que estuvieras aquí conmigo.

Pero siento que me estoy engañando a mí mismo.

Sincero

Voy a ser fuerte por los dos,
por las palabras vacías,
por cuando me perdía
en un silencio que a veces
desgarraba tanto como
lo hacían tus gritos.

Voy a esperarte
en todas las
estaciones posibles,
por si decides quererme
tanto como lo hice yo.

El fin del mundo

Cuando vivamos en una realidad
en la que no importe
qué tienes, sino quién eres,
cuando nos vayamos a dormir
sabiendo que nada es eterno,
que en cualquier momento
los charcos que te separan de alguien
pueden convertirse en océanos.

Cuando sepamos amar,
valorar,
estar
y dejar ir,
¿estaríamos viendo el fin del mundo?

Hasta que mueres

Momento 1

Qué bonitos son los días
en los que me sonríes
como solo tú sabes hacerlo,
en los que me abrazas
para que pueda resguardarme
hasta que todo se calme.

Momento 2

Me quieres hasta que
llegue alguien que
demuestre lo contrario.

Hasta que te olvides de mí.

Momento 3

Nos prometimos que seríamos eternos,
pero lo único que cumplimos
de esa frase era la mentira
que se escondía en ella.

Momento 4

Duele pensar en febrero
y en cada una de las palabras
que te dediqué de más.

Pero no me creas cuando
te diga que no quiero volver
a intentarlo y apretar el gatillo.
Lo que no quiero es
volver a creer que luchar
por una persona significa
perdonar todo aquello
que hizo que en tus ojos
no dejase de llover.

Cuestión de suerte

De vez en cuando siento la sensación
de estar rodeado de gente,
pero a la vez sentirme vacío.

Porque puedo decirte que voy a superarte,
pero todo lo que escribo sigue siendo para ti.

Y tal vez todo sea cuestión de suerte,
que en algún momento
aparezca alguien
que quiera verme con tus ojos,
que sepa hacerlos brillar,
y nunca quitarles la luz.

Todavía dueles

Te has ido justo cuando más te necesitaba.
Justo cuando no tenía nada que perder
y solo pensaba en esperarte.

Y aunque en el fondo sabía
que no era el causante de esta despedida,
mi cabeza solo podía repetir continuamente
ese «no te vayas».

Ahora todas las canciones
que escuchábamos juntos
me van a recordar a tus ojos,
a aquello que prometías y después olvidaste.

Me van a recordar que te has ido
y que no puedo hacer nada para cambiarlo.

Cuando te das cuenta

Intenté seguirte cuando tú
solo me dejabas atrás,
intenté olvidar el hecho
de que te estabas olvidando de nosotros
mientras que el vértigo
se apoderaba de mí
al ver que nos tendríamos que despedir.

Atado al atrás

Me siento de cristal,
porque he vivido
creyendo que era libre
volando dentro de una jaula
de la que nunca podría escapar.

No tengo dudas de
si debo seguir nadando,
pero sí de lo que me espere
cuando llegue a cualquier lugar,
a cuando deje de saber
lo que pensaba que
significaba la palabra «hogar».

Ahora solo soy vacío,
porque sigo atado al atrás.

Ser fuerte

No tenemos que ser fuertes constantemente,
también podemos derrapar,
podemos rompernos,
podemos llorar cuando vemos
que el camino no para
de oscurecerse.

Podemos mantenernos a flote
para no ahogarnos,
vivir en un paréntesis
hasta que podamos
ponerle puntos finales
a historias de las que no formamos parte.

Porque ser fuerte no solo significa
estar siempre luchando,
no significa correr sin mirar
todo lo que quemas a tu paso.

Ser fuerte también es
pararte un segundo
y saber dejar estar.

Desastre

Solo escucho eco dentro de mí.
Disparaste sin darte cuenta
y dejaste salir todo lo que tenía dentro.
Todo lo que callaba.
Todo lo que me consumía.
Todo lo que me asustaba y que haría
que perdiera todas mis piezas.

Solo puedo intentar andar sobre
estos cristales rotos
sabiendo que me voy a cortar,
no puedo hacerlo de otra manera,
no sé si quiero huir o quedarme aquí
con esta oscuridad
que cada vez se parece más a mí.

Pensaba que perdiéndote dejaría
de tener tantas inseguridades sin guardar,
pero ahora no sé dónde esconderlas
y me he perdido a mí también.

Errores

Junta tus manos con las mías,
aunque cada vez estén más vacías,
quiero sentir cada centímetro
que podamos unir,
aunque lo de dentro
cada vez se aleje más.

Solo te pido que lo intentes,
por todo lo que algún día fuimos.

Siendo jóvenes

El problema dejará de serlo
cuando deje de aferrarme
a momentos que
no pueden ser eternos,
cuando deje de preocuparme
por quién me acompaña
en el camino en vez de
a dónde quiero llegar
o cuando pare de idealizar
a personas que van girando
alrededor de un mismo rol.

Dicen de los jóvenes
que tienen todo el tiempo
del mundo para madurar,
para encontrarse.

Pero hay veces en las que nos estancamos
y no nos damos cuenta.

Días grises

No sabía muy bien qué hacer
la primera vez que estaba
todo un poco más despejado,
después de pensar que
desaparecería en la tormenta.

Puede que no lo viese con claridad,
pero había días en los que deseaba
que nos volviéramos a encontrar
en alguna parte,
aunque esta vez fuese diferente.

Y ojalá que el dolor que nos dejamos
no durase para siempre.

No es lo mismo

Desde pequeño he sido una persona
muy inconformista.
No sé si será por el miedo de quedarme con
las ganas de haber hecho algo o por el vértigo
de poder llegar a caer al vacío.

Porque no es lo mismo despedirte de
una persona cualquiera que tener que abrazarle con
fuerza para ganar unos segundos más junto a ella.

Porque no es lo mismo hacer algo por amor que
tener que alejarte para que este no te mate.

Porque no es lo mismo confiar en que alguien quiere
estar a tu lado que tener que mirarle
a los ojos para entender lo que sus labios
no pueden gritar.

¿Sabes?

Me sentía tan pequeño
al decirte que necesitaba más que tiempo
para poder aclararme
sin poder apretar los puños
para no destrozar mis nudillos.

Antes pensaba que dejarte ir se convertiría
en mi final,
porque no quería darme cuenta
del daño en el que nos envolvíamos,
porque es muy difícil ver de otra manera
a quienes te convierten
en aquello que más odias.

Veneno

Era yo
el que tenía tanto veneno dentro
que no sabía cómo evitar matarse.

Era a mí
al que no le quedaban lágrimas
porque las había derramado
sobre letras que estaban
desordenadas.

Y no me di cuenta
de que cada vez te culpaba
por el daño que me dejaste,
me odiaba a mí mismo
por dejarte marchar.

La generación de las mariposas

Con el tiempo las generaciones han ido cambiando y evolucionando. Supongo que para arreglar lo que otros en su día no pudieron conservar, para construir un mundo en el que podamos volar sin tener que equivocarnos más veces de las necesarias. Pero, aunque desde arriba se viera todo más fácil que antes, ahora se tendría que luchar contra algo mucho peor que simples rasguños. Ver como una luz se iba apagando detrás de una sonrisa, ir caminando por cualquier acera y contemplar mil rostros en los que solo había vacío.

Inexplicable.

Podían ser capaces de utilizar sus alas para poder llegar tan lejos como se hubiera querido años atrás, pero ellos temían que sus alas se rompiesen, que todo por lo que habían luchado se desvaneciese en cuestión de segundos.

La generación de las mariposas. Tan fuertes y con la capacidad de renacer las veces que quisieran, y ellos sin saberlo.

Pero no les culpo. Quizá sea por las veces en las que han confiado tanto en algún compañero de viaje que han terminado cayendo en picado, o por el tiempo que han estado tapando heridas superficiales que recuerdan a una guerra de la que no pudieron salir victoriosos.

Y ojalá que, algún día, aquellas que murieron intentando reescribir su historia consigan romper cualquier crisálida para poder reencontrarse en el camino.

Porque confío en nosotros, en toda una generación llena de miedos, pero capaces de volver a intentarlo todo una vez más.

Reconocerlo es el primer paso

Siento que me agarro demasiado a las personas
porque no quiero caerme
y que nadie esté ahí para sujetarme.

A veces pienso que doy demasiado
hasta el punto de olvidarme de mí,
de perderme,
de no poder reconocerme,
de intentar complementar
de cualquier manera a alguien que
en el fondo no me quiere en su vida,
o que no soy lo suficientemente importante
como para que me lo demuestren día a día.

Y tengo miedo,
claro que tengo miedo.

Miedo de consumirme,
de esperar a algo
que realmente nunca va a llegar,
de que conozcan nuevas personas
que aporten más que yo
y que terminen olvidándose de mí.

Y en el fondo,
todas mis heridas siguen abiertas
e intento cicatrizarlas con simples tiritas
para que esos miedos
no puedan salir de mí.

Miedos

Intentamos aferrarnos
a algo efímero
porque tenemos miedo
de quedarnos a solas con
nosotros mismos.

En prisión

Puede llegar a ser muy difícil
escapar de una cárcel a la que
has entrado voluntariamente,
porque siempre existe
esa duda de lo que te puede
quedar cuando salgas,
de si realmente quieres hacerlo.

Algo así me pasó contigo.
Quería estar hasta el último
momento a tu lado
porque me dejabas decorar
mi celda con ilusiones,
porque estar junto a ti era
una mezcla entre adrenalina
y temor por soltarte,
por cómo sería un camino sin ti.

Porque no quería aprender a sobrevivir
después de estar toda una condena contigo.

A veces tengo miedo de volver

Estoy en una recta final
en la que solo me queda
apostar y ganar.

Quizá el precio de quemar
todo lo que me rodea sea solo
dejarme ir.

Tiene que llover para que
pueda luchar contra la tormenta
y poder nadar contra corriente,
para que pueda llegar a algún sitio
en el que me sienta yo.

Algún sitio en el que
no tenga miedo de perderme
ni de olvidarme de correr
por si alguien decide volver a
hacerme retroceder.

No sé si valdrá la pena

Si pudiera quedarme aquí,
evitando que este vals termine
y a la vez poder borrar
hasta el último roce
de nuestras manos.

Si pudiera seguirte cada segundo
en el que quieres acelerar
y a la vez poder huir lejos de ti
porque lo que nos rodea está en ruinas.

¿Me valdrá la pena saltar al vacío
sin saber qué es lo que me espera?

¿Me valdrá la pena dejar de
buscarte en todas mis vidas?

¿Me valdrá la pena decir adiós antes del caos?

Al otro lado de la puerta

Déjame entrar,
me da igual que esté
todo desordenado,
que haya hojas a medio escribir
o la música tan alta
que no te pueda escuchar.

Déjame ver bien tus ojeras
para poder ayudarte,
no quiero perderte
ni que nuestra canción se acabe.
No puedo obligarte a caminar
pero sí ayudarte para que
llegues a salvo a la meta.

Déjame reconocer
que nos abandoné
cuando pensaba que así
sería todo más fácil,
cuando creía que olvidarse
de uno mismo era igual
que darme otra oportunidad.

Toma nota

Quererse forma parte
de una lucha constante
entre lo que tu mente dice
y lo que tu corazón pide.

Es saber cómo apagar
un incendio sin extintores que valgan,
porque cuando estás
en medio del caos,
solo te tienes a ti.

Aunque ya no estés aquí

Aunque ya no estés aquí,
voy a estar esperándote;
voy a mirar cómo continúas tu vida,
aunque no sea de mi mano;
voy a esperar hasta las doce
como he hecho siempre;
voy a intentar olvidarme de que
nuestra historia se acabó
entrelazándose con otra.

Porque ninguna de mis letras
están preparadas para decirte adiós,
porque desde que no estás
el cielo se ha vuelto nublo,
pero sigue llevando tu nombre escrito.

Cosas que resguardan del frío

Los que pueden quererse
sin tener que morir en el intento o
la manera en la que se miran
los que no pueden gritar.

Una cena en la que no
nos fijamos en la cuenta,
sino en quien está a nuestro lado o
las caricias de una madre
que te dicen que todo va a estar bien.

Un «vas a poder con esto» o
el primer abrazo antes de ponerte a llorar.

Y saber que te tienes a ti por si falla todo lo demás.

Es normal

Estoy cansado de formar parte
de este bucle del que no puedo salir;
me asusta no poder encontrarte
cuando me arrepienta de irme sin mirar
todo lo que dejo atrás.

Acojonado por arrancar todas las flores
que has dejado marchitadas
en lo poco que quedaba de mí,
por si en algún momento vuelven a brillar.

Dicen que es normal sentirse solo
después de perder a alguien
que se encargaba de llevar tu rumbo.

Pero ¿es normal sentirse solo
después de perder a quien
te dejaba caer en tu propio abismo?

Ahora o nunca

Hay días en los que se te olvida
que la vida es un juego constante
en el que no puedes
apostar todas tus cartas
aunque ansíes el premio
que crees justo,
ni olvidar que
lo que conoces como sano
también puede ser lo que te mate.

Solo tendrías que fijarte
en quién eras y todo lo que
has cambiado para poder ser
cómo eres ahora,
sin pensar en físicos,
en personas que hacen
que no te quieras como deberías,
ni el tiempo que has necesitado
para entenderlo.

Es lo más importante,
verte en cualquier espejo,
saber reconocerte sin comparaciones
y recordarte todos los días
de dónde vienes
y hacia dónde quieres ir.

Hogar

He dejado de saber lo que es un hogar
porque siempre tengo miedo
de volver y que la puerta
esté cerrada bajo llave.
Porque a veces no sé cómo
interpretar algunas situaciones,
me olvido de lo dañino
que puede ser crear una realidad
totalmente diferente para poder
ser bienvenido en alguna parte.

Ya no quiero volver a estar
en un lugar seguro,
porque quiero aprender
a estar conmigo,
porque quiero demostrar
que puedo ser fuerte
cuando todo se va.

222

Sé que es muy difícil
pasar página cuando deseas
que todo vuelva a estar como antes.

La vida se basa en ciclos que nos
ayudan a coser aquello que está roto
y que antes nos agobiaba arreglar
por si aumentaban los daños
a nuestro alrededor.

Pero no siempre tienes por qué
estar en mitad del desorden.
Puedes ser tu lugar seguro
en el que refugiarte
mientras que aprendes a sanar
todo lo que no has podido dejar atrás.

Si crees en ti,
vas a estar siempre
en el momento correcto,
vas a olvidar el miedo
y vas a luchar
por lo que verdaderamente mereces.

Autobús de vuelta a casa

Hay cosas que, aunque sepas
que tienes que hacerlas, duelen.

Es como correr de la lluvia sabiendo
que el caos está encima de tu cabeza,
es como gritarte para intentar
que se quede lo poco que queda de ti.

Probablemente no sepa qué hacer
cuando vuelva a llover,
mis sentidos se bloquean,
mi mirada se nubla
y mis manos se resbalan
aunque quieren agarrarse al pasado.

No puedo dejar de verte en el cristal
de aquel autobús que me recuerda a los dos.

Porque ya no estás,
y siento que solo me queda mojarme
para sentir cómo se van ahogando
todos nuestros recuerdos,
hasta olvidarte.

Me duele, pero tengo que hacerlo.
Porque esta vez no quiero seguir nadando
y no creo que haya tierra firme
que me pueda salvar.

Amor de verano

Huyes de las calles de tu ciudad
para poder verme sentado en la orilla,
para que pueda ver los hoyuelos
que te salen cuando
digo que eres quien me ayuda
cuando no puedo encontrar
las palabras adecuadas
para explicar qué es lo que siento.

Vuelves para poder consolarme
cada vez que le susurro al mar
que no quiero que te vayas
y nos olvidemos.

Porque nosotros no somos un
simple amor de verano.

Por nosotros

Lo nuestro fue más que un anochecer
en el banco de siempre.
Fue más que un Happy Meal a medias
en el que uno comía y el otro se reía por el juguete.
Fue más que una serie en común.
Fue más que cualquier mirada
que pudieras lanzarme cada vez
que sabías que algo iba mal en mí.

Lo nuestro fue un arma de doble filo.

Nos queríamos,
pero juntos ardíamos
aunque estuviéramos nadando;
lanzábamos dardos a ciegas
que terminaban clavándose
en nuestros costados.

Tengo que dejarte ir,
porque cuando me acerco
mi mente deja de actuar.

Te voy a echar de menos,
voy a escuchar nuestras canciones
y me voy a acordar de ti,
porque me moría por continuar mi vida contigo

para que la pusieras en orden justo
cuando todo se torciese.

Gracias por hacerlo todo siempre
como mejor has podido,
pero nos queríamos tanto
que se nos olvidó lo que significaba
realmente el amor.

Creo que estaré bien

Ojalá que las palabras no se entrelazaran
cuando intento hablar de ti.

Espero que mis ojos no sigan
volviéndose cristalinos cada vez
que alguien me pregunta
si voy a volverte a ver.

Creo que estaré bien,
por todas las veces en las que he tenido
que olvidar para poder sanar,
en las que he tenido que recordar
que vivimos rodeados de cambios
de los que aprendemos
para conocernos a nosotros mismos.

Creo que estaré bien
y, aunque se me haga difícil decirte adiós,
recordaré que hay veces
en las que debo alejarme de la batalla
porque primero tengo que combatir
la guerra que hay dentro de mí.

Silencio

Estoy sentado a tu lado
mientras que nuestras
mariposas están hechas un lío
deseando de ser capaces
de mandar todo a la mierda
y poder conectarse.

Da igual los años que pasen

Pensaba que encontrar a alguien
que supiese quererme
en mis días grises
sería tan difícil como escuchar
Golden, de Harry Styles,
sin acordarme de ti
y de todas las veces
en las que has aguantado
la misma historia
cuando no sabía
cómo terminar de escribirla.

Quiero ver siempre esa luz
que tienes con los demás
y contigo misma,
que pasen tantos años
como los que hemos necesitado
para entendernos
y que nunca me canse
de escucharte,
porque estoy muy orgulloso
de tenerte,
de tenernos.

¿Qué es el amor?

El amor es algo que se cuida,
como si fuera una semilla que hay
que regar para que algo florezca.

El amor es aquello
que temes que se marchite
por si no sabes mantenerlo con vida.

El amor es un aprendizaje
constante contigo mismo.

Porque cuando todo se va,
solo quedas tú.

La función

Se abre el telón.
Ya no estás.
Ya no puedes encontrarte.
Intentas buscar las yemas de tus dedos,
pero sigues sin ver nada.
Intentas levantarte y no eres capaz,
has sufrido mucho.

Pero el público sigue esperando
el segundo acto sin saber
que a su protagonista se le acabaron
los guiones.

Pero como se dice,
la función debe continuar.
La vida sigue.
Y tú también debes seguir.

Porque todavía quedan más escenas que sentir.
Y, aunque tu fiel compañero
te haya fallado,
eres tú el verdadero protagonista
de la historia.

De esta historia, de tu historia.

Unknown

No sé quién eres,
pero quiero saber
de dónde has salido,
tú y tu manera de entrar
en mis sueños,
tú y lo que haces
para que no piense
en nada más,
tú y el mundo al que
me transportas cada vez
que estamos juntos.

No sé quién eres,
pero espero que me dejes
quedarme en cada uno
de tus recuerdos
y que quieras formar
parte de los míos.

Complicidad

No quiero depender de nadie
porque sé cómo puede terminar.

Pero hay días en los que
quiero tener a alguien que sepa
secar mis lágrimas cuando
mi almohada no pueda guardar más.

Alguien que quiera arriesgarse por mí,
que me enseñe lo bonito
que puede ser todo
si lo miro con buena cara.

Solo por si algún día me olvido de hacerlo yo.

Para cuando lo necesites

Vivimos deseando un ojalá,
pero cuando tenemos
la oportunidad delante,
nos echamos atrás.

Puede que sea por cada
vez que han hecho que dudemos
de todo lo que somos capaces,
olvidando lo que puede
llegar a significar arriesgarse.

Una decisión que lo cambia todo.
Que te cambia a ti.

Seguir creciendo

Tengo dieciséis años
y me aterra seguir creciendo.

A veces siento que no
aprovecho cada momento
tanto como debería,
que pienso demasiado
en los problemas cuando
no sé darles la vuelta.

Quiero recordar
a todas las personas
que me enseñaron a ver
los días de otro color
y que me ayudaron
a pensar más
en mi propio camino.

Ojalá seguir dejándome
la voz en más conciertos,
por si algún día no queda
música que sepa cómo sanar,
o seguir escribiendo
por si algún día
mis letras se quedan
al fondo de cualquier cajón.

Y sé que el tiempo vuela,
que vivir experiencias nuevas
también forma parte
del ciclo de la vida.

Que todo se puede volver más fácil
si lo miras desde otra perspectiva.

Hilo rojo

Desafías cada una de mis teorías
cuando me consuelas diciéndome
que solo somos fugaces
en vidas en las que no
podemos formar parte.

Y no sé
si seremos para siempre
o si seremos efímeros,
pero recordaré siempre
todo lo que nos unió.

Algo incluso más fuerte
que nuestro hilo rojo.

Nuestros propios límites

Tenemos miedo a ser débiles,
a no atrevernos,
a esperar que el mundo
siempre nos dé segundas oportunidades.

Tenemos miedo al «qué pasará»,
a las despedidas,
a ponernos esos pantalones,
a los lunes y sus mañanas,
a querer de verdad.

Tenemos miedo a dejar de fingir,
a decir que es lo que de verdad
queremos ser,
a tirarlo todo por la borda
e intentarlo.

Eres así

Enamórate de ti,
de tu forma de sonreír
y de cada vez que intentas
conseguir cada cosa
que te propones.

Y también
de lo impuntual que
puedes llegar a ser
por las mañanas
o de la manera que tienes
de pedir perdón
cuando te equivocas.

Eres complicado.
Pero a la misma vez, perfecto.

El final de nuestra historia

Ya solo me queda
terminar de escribir este capítulo,
aunque no quiera saber
cuál es el final.

Quiero dejar de esconderme
del destino solo por
las malas jugadas
que pueda tener conmigo.

Pero quizá solo necesite
acabar esta historia
para empezar otra nueva.

Sempiterno

«Que durará siempre, que no tendrá fin».

Contigo necesito vivir el presente
junto a cada centímetro de tu piel,
con cada uno de los versos
que te envuelven,
con cada una de nuestras miradas
y de todos los te quiero
que nos dedicamos.

Lo nuestro es sempiterno
y no necesitamos pararnos
a pensar en lo que nos pueda
deparar el futuro.

Juntos iríamos a ciegas,
sin temerle a los refranes
y dispuestos a arder
mientras que sea
al lado del otro.

Sonreír después del beso

Mirarnos y saber que
todo se ha descontrolado,
estar conectados,
ver que hay un hueco para mí
dentro de ti,
saber que lo mandaría
todo a la mierda
por estar cinco minutos
más en tu portal,
escuchar las canciones
que te recuerdan a mí,
mil besos que son
más que necesarios,
una sonrisa a medias
y esa sensación que dice
que debes quedarte.

Cansado de ti

He aprendido demasiado tarde
que cuando dos personas
se quieren no tendrían
por qué hacerse daño.

Antes se me daba bien
esconder todo lo que sentía
y ahora estoy cansado
porque no quiero quererte,
pero estoy desesperado
por buscarle salida a este caos.

Quiero que alguien me acompañe
a la salida de este desastre
porque me he acostumbrado
a depender de ti.

A creer que la vida
giraba en torno a nosotros,
a lo que nos hacía pedazos,
a aquello que llamábamos amor.

Modo avión

Quiero avanzar
sin la duda de qué será
de nosotros y
de lo que conocemos
como destino.

Quiero volar
sabiendo que somos
un desastre,
pero juntos formamos
algo más que tierra firme
en la que poder aterrizar.

Escucha este audio cuando puedas

Qué suerte tienen los que
pueden evadirse del temor
con tan solo una llamada.

Algo así me pasa cuando estoy contigo.

Los minutos se me escapan
cuando hablo de ti,
eres todo lo que me haría
perder la cordura
y quien me hace reír
cuando siento que todo se derrumba.

Qué bonito es saber que
vas a estar ahí cuando te envíe
un audio interminable sintiéndome vacío,
saber que vas a venir a buscarme
cuando todo esté perdido.

Porque sé que si algún día
el futuro decide separarnos,
siempre me quedará
todo lo que me has enseñado.

Tirando de carrete

Somos casualidades que
en algún momento decidieron juntarse,
para que el proceso de encontrarnos
a nosotros mismos fuera un poco más fácil.

Somos recuerdos,
una cala inexplorada,
un viaje para escapar de la rutina,
una foto borrosa,
un carrete listo para revelar,
un baño nocturno que no
le teme a los resfriados,
una cena en un tejado
y un verano que no conoce lo que es septiembre.

Somos momentos,
y ojalá podamos revivirlos siempre.

Cuando un amigo se va

Aún queda mucho tiempo
para que puedas ordenar
todo lo que ha dejado junto a ti.

No olvides lo valiente que has sido,
sé que hay veces en las que
los desenlaces no son como esperábamos,
pero para qué vas a seguir
intentando arreglar algo que te destruye.

A veces, cuando te quitas una tirita
antes de tiempo,
la herida puede volver a abrirse.
Puede volver a doler.

Deja que se vaya,
grita,
huye de la monotonía,
de tus errores,
de todo lo que te hace recordar
cómo es olvidarse
de uno mismo.

Si lo miras de otra manera

Si lo miras de otra manera,
los finales en los que acabas
llorando en el suelo y sin reconocerte
pueden no ser tan desgarradores como parece.

Porque al día siguiente
vuelve a amanecer, como todos los días.

Puede que haya desaparecido una parte de ti,
puede que ya no te guste escuchar ciertas *playlists*
o puede que necesites más de un café
para mantenerte despierto.

Pero no todo es constante.
No todo son casualidades
ni golpes de suerte.

Hay veces en las que tenemos que mirar
hacia el otro lado de la historia,
aunque no podamos dejar
de llorar.

Y yo sé que es difícil levantarse de la cama
cuando lo único que te sujetaba decidió soltarte,
pero el daño te reconstruye,

hace que las raíces se rieguen solas,
que la sombra se convierta en luz,
que las mariposas que estaban perdidas
vuelvan a encontrarse.

Muchas veces el daño hace
que te salves a ti mismo.

Metamorfosis

He aprendido que a veces está bien tener miedo, ver como todo lo que te rodea se derrumba, sentirse insuficiente, acabar gritando todo lo que te duele frente al espejo porque tus ojos no pueden callarlo más.

Porque también tendrás más amores de verano y más autobuses que perder, encontrarás a alguien que sea tu hogar y que te ayude a encajar todas las piezas de un puzle que creías perdido.

Ojalá que después de todo, sepas mirar las cosas de otra manera antes de rendirte, a valorar las puestas de sol por si son las últimas, a sonreír después del beso, a aceptar los finales y los principios, a confiar en cosas incluso más fuertes que cualquier hilo rojo y a no temer a los días grises ni al desastre que impide que veas las cosas con claridad.

Escribe cosas tristes cuando lo necesites, quiere a las personas que están ahí independientemente de los años que pasen, perdónate si en su día no supiste estar solo.

Y recuérdalo siempre, somos la generación de las mariposas, y no por las que llevamos por fuera. Somos capaces de renacer, de intentarlo las veces que haga falta.

Permítete perder y perderte todas las veces que haga falta. Tantas como querer a quien tienes al lado y quererte a ti mismo.

Nos quedarán más atardeceres, a todos nosotros.

Aunque vuelvas a tener miedo

Guerra civil

A veces desgastaría
mis cuerdas vocales
para que alguien pudiera escucharme,
para poder intentar deshacer
ese nudo que se forma en mi estómago
cada vez que siento que el
enemigo se acerca,
capaz de asfixiarme hasta
que no pueda respirar,
de bloquear mi mente hasta
que yo mismo esté en mi contra,
de provocar tantas nubes que termine
buscándome a ciegas sin poder esconderme.

Como una guerra civil
en la que he perdido cada una
de mis balas para impedir
que termine luchando
contra aquel que
desgastaría sus cuerdas vocales
con tal de que alguien
sea capaz de escucharle.

Estás aquí

Estás aquí,
al otro extremo de mi cama,
preparándote para quitar
la poca luz que me queda,
viendo cómo tiemblo del miedo
con cada una de las inseguridades
que has ido creando cada vez
que te acercas demasiado a aquello
que escondo para que no puedas
arrebatármelo.

Y aun así no quiero que te vayas,
no quiero huir de ti
(aunque sí de lo que me haces sentir).

Esa voz de la que no puedo hablar

Desde hace mucho, aquí
solo hay tristeza cuando
es esa voz la que me habla
y me dice que todo esto
no se lo va a llevar el tiempo,
que cuanto más intente
alejarme de ella,
más me acercaré al vacío.

Y me termino haciendo
cada vez más pequeño,
sin saber quién era antes
o quién seré a partir de ahora,
hasta que llegue un final
donde pueda dejarla atrás
sin sentirme desnudo
para que no pueda
volverme a atrapar.

Un final que me deje
regresar a los días
en los que las entradas
contaban con sus salidas y
cada uno de mis silencios
tenían una explicación,
en los que irse a la cama

no era una lucha
para evitar encontrarme
con ella a solas,
con esa voz que solo
quiere quitarme
cualquier respuesta que
me ayude a entender
qué es lo que pasa aquí dentro
y cómo puedo escapar.

Una voz que ha venido para acorralarme
hasta en las paredes más seguras
entre las que me pueda resguardar.

Una voz que a veces siento
que solo me quiere matar.

Tal vez

Ahora mismo no quiero hablar
sobre lo que me pasa cada vez
que todos desaparecen
y me digo a mí mismo
que estaré bien cuando no sé
ni cómo he llegado hasta aquí.

Solo tengo ganas de mentirme,
pero tal vez esto forma parte del amor;
tal vez no querían hacerlo,
pero era necesario para que cambiase;
tal vez soy yo el problema;
tal vez todo estaría mejor
si me marchase de aquí.

Vuelta a casa

Siempre he querido que despegases,
pero ahora verte desde abajo
y a tanta velocidad
hace que todo sea más difícil
desde aquí.

No quiero tener que explicarme
lo que siento
cada vez que te vas
(aunque si te fijas en la manera
en la que te miro,
podrás entenderlo todo).

No quiero perder la oportunidad
de recorrernos las calles de Roma,
pero ahora apenas sé si podremos
coincidir en Madrid.

Por favor, vuelve a casa.
Da igual si es por un segundo
o si te olvidas de
deshacer las maletas
con tal de que vuelvas a ser mi hogar.

Sé que suena egoísta,
pero no quiero que te olvides
de todo lo que dejas aquí.

Lo que ha llovido

Cada gota que, sin parecerlo,
lo hundía todo un poco más;
cada vez que esa persona se iba
y te convertías en una tormenta
que arrasaba con cualquiera
que se te cruzase.

Ese sonido que oías fuera
y que no querías
que entrase
por si decidía perseguirte
hasta que te cansases de nadar.

El recuerdo de cuando
te ahogabas pensando
que nunca se acabaría.

Ha pasado mucho tiempo
desde entonces,
ha llovido bastante.

Soluciones

Me duele intentarlo todo mil veces
y sentir que retrocedo sin parar,
que no puedo avanzar.

Saber que, en el fondo, estoy perdiendo
una versión de mí que pensaba
que nunca echaría de menos y
ahora tengo miedo de que no vuelva,
de quedarme sin saber
qué pasará después de esto.

Pero el error siempre es mío
por intentar buscar soluciones
en un sitio donde solo
se necesita una ayuda
que no soy capaz de aceptar.

Ander

A veces se calla para intentar escucharse, pero su voz se pierde cada vez más entre sus miedos, o deja de prestar atención a lo que está sucediendo dentro de él porque fuera hay demasiado ruido como para preocuparse.

Y le aterra, no os imagináis cuánto, sobre todo cuando los recuerdos pesan tanto que es incapaz de cogerlos a la vez y termina desordenándolos y cogiendo otros nuevos para intentar disimularlo, hasta crear todos los escenarios posibles en su cabeza en los que todo lo que le rodea no es tristeza y sus ojos no están cansados de reflejar algo de lo que no es capaz de hablar.

Y creo que ahí está el problema. Le cuesta tanto gestionar la rabia porque no sabe cómo demostrar todo lo que vale, de lo que es capaz, y no quiere quedarse esperando a algo que no sabe si realmente va a ser para él.

Ojalá pudiera hablar contigo, Ander. No sé realmente si te estarán esperando en la próxima parada de metro, pero sí sé que te tienes a ti por más que huyas e intentes sabotearte, que llegará el momento en el que seas capaz de escribir tus propias historias en las que no necesites personajes secundarios ni tramas de ensueño, en las que solo tú te hagas falta.

Dame la mano, solo será un momento. Hasta que la tormenta pase y nuestros caminos se separen.

Espero que no vuelvas a sentirte invisible. Sé de sobra que tienes mucho amor para dar, para darte. Y también que encontrarás ese sitio donde no necesites a nadie para estar a salvo, donde puedas sentirte vivo, donde estés como en casa.

Valientes

Fingimos que no nos importa
y de esa manera mostramos
al mundo lo débiles que
podemos llegar a ser
porque pensamos que nadie
los va a ver si escondemos a los valientes.

A los valientes
que pasan cada uno de sus días
obligándose a leer
un cuento que no está escrito para ellos.

A los valientes
que no pudieron salvarse
porque puede que su paracaídas
cayera demasiado rápido.

A los valientes
que no saben cómo podrán
olvidar todo lo que han vivido,
pero siguen avanzando con el dolor.

A los valientes que tienen miedo,
pero no quieren huir más.

Cenizas

Creía que el amor
nos salvaría en algún momento,
aunque ya habían pasado años
de aquello,
aunque ya había otros que nos
rodeaban y que nos impedían
mirar atrás.

Me acuerdo de cada una de tus frases,
de las tardes en tu portal,
la risa que me ha machacado
durante meses para que,
de alguna forma,
me viera obligado a buscarte
cuando todo lo que tenía
se había esfumado
como flores marchitas
que intentas revivir
bajo la lluvia,
como fantasmas que vuelven
para recordarte lo que existió en su día
y que creían poder salvar,
pero se había dañado para siempre.

Lo que se fue

Siento que todo se está acabando
poco a poco
y cada vez más rápido
dejando que me pisen,
olvidándome de correr,
esperando tocar fondo
hasta que he dejado de ser yo.

Laberinto

Desde que te mantienes alejado
de la tormenta, no quieres
mirar atrás.
Ya no importa nada,
ya se ha ido todo.

Puede que, al final, abandones
si no eres capaz de aceptar
que ya no hay nada
que se puedan llevar de ti.

Ahora solo quedas tú
y la manera en la que
lo conviertes todo en un juego
que no viene con manual de instrucciones,
en el que no vas a cambiar las reglas.

Solo sobrevives
e intentas caminar
lo más deprisa posible.

Aunque te pierdas
y no haya nadie a quien
puedas preguntar.

No te bastó

No te bastó con llevarte
cada parte de mí,
sino que me dejaste indefenso,
sin poder sentir de verdad otra vez.

No te bastó con apartarme
de todo lo que quería,
sino que cuando me alejé de ti
hiciste que no pudiera
volver a todo lo demás.

No te bastó con que
solo pensase en ti,
sino que dejaste que yo mismo
me pisoteara para que no pudiera
querer a alguien más.

No te bastó con lo que te llevaste,
sino que me dejaste solo con
un recuerdo que creo
que nunca podré olvidar.

Nos dimos cuenta

Lo difícil que fue darnos cuenta
cuando nos mentíamos por la manera
que tuvimos en su día de mirarnos
y olvidarnos del motivo
que tuvimos para alejarnos,
pasando por alto cualquiera de
nuestras cicatrices,
queriendo volver
a lo que nos ayudaba a despegar
pero que, sin haber llegado,
ya tenía ganas de irse.

Y ahí nos dimos cuenta
de que lo que echábamos de menos
puede que sea una versión
de alguien que ya nunca va a volver
o la idea de lo que pudo llegar a ser.

A veces, decir adiós también
es otra manera de querer a alguien,
de quererte a ti.

Dependencia

Sé que no es exactamente
como lo imaginabas,
pero te prometo que sigo en ello.

Para mí no es fácil
verte con otros ojos.
Dime qué tengo que
hacer para cambiarlo,
para no depender de nadie más.

Para que no me cueste respirar,
para que deje de sentir que me quemo,
para encontrar la manera de volver a mí.

Gris

Quizá el mundo
gira demasiado rápido
y se nos olvida preguntarnos
si todo está bien,
o no nos acordamos de activar
cada uno de nuestros sentidos
cuando no sabemos a dónde ir.

Y puede que la manera
que tenemos de vernos
sea la respuesta a por qué
está todo tan nublado,
que hace que los veranos
pasen como tormentas
interminables,
que hace que el invierno
nos congele hasta que
no entendamos por qué no duele.

Y me da pena
darme cuenta de que camino
por un mundo gris
que solo gira,
que no piensa cambiar.

Debería irme a casa

Lo que dicen
corta tan adentro
que a veces pienso
que lo hacen para que aprenda
a quedarme sentado en mitad
de una pesadilla en la que
no quiero seguir viviendo.

Y no sé por qué trato
de ser tan sincero
en una habitación
llena de gente con la que
no puedo reconocerme
y con la que siempre termino
contando mis lágrimas
en alguna acera.

Debería irme a casa.
No quiero sentirme así.
Me duele ver que nadie necesita
que quiera quedarme aquí.

La pared

Estoy aguantando
ese dolor en el pecho que
me confunde hasta el punto
de inventarme el pasado
para así no tener que aprender de él,
complementándolo con finales
en los que no terminé de contar
toda nuestra historia.

Porque espero continuarla contigo,
aunque el mundo nos divida
con una pared que impide
que esta noche nos podamos esperar.

Lo que nunca te dije

Gracias a ti ya no sé
cómo querer correctamente,
sin palabras vacías
ni abrazos que parecen puñales
que me atraviesan hasta dentro,
donde solo hay rabia
mezclada con todas las partes
que se han esfumado de ti
y que creo que no van
a volver.

Te culparé de todo,
hasta que llegue alguien
que no joda todo lo que toque,
hasta que deje de preguntarme
por qué dueles tanto si
nunca te has preocupado
por ayudar en este desastre.
Ahora solo hay barreras
que un día construí
por si vuelvo a cruzarme
con alguien como tú,
aunque tus chistes evitasen
que todo estuviera apagado,
aunque antes no me preocupase
por pasar noches a solas.

Es difícil de explicar,
porque sé que yo ya no voy a estar aquí
y tú no vas a ser capaz de estar,
porque sé que nunca vas
a dar el cien por cien,
porque sé que contigo todo serán dudas
y ya no quiero forzarlo más
ni encontrar atajos para evitarlo.

Tendré que obligarme
a dejar de intentarlo
y a coser heridas que
no tendrían por qué sangrar.

Sé que puede que me arrepienta
si no soy capaz de perdonarte,
pero también sé que aquí
no queda ningún sitio para ti.

Retrocesos

Te quiero sabiendo
que no puedo hacerlo.

Después de aprender
de todo lo que había dejado atrás,
permití que algo de ti
se colara dentro de mí
para que termines yéndote
sin despedirte una y otra vez,
dejándome a solas
con un monstruo que
todavía no puedo controlar,
aunque lo intente hasta romperme,
y después retrocedo para
intentarlo de mil maneras
que terminan fracasando,
hasta que termino arrastrándome
una vez y otra vez para buscarte,
para pedirte un perdón
que ya no te mereces.

Y aunque quiera mentirme
a mí mismo,
creo que no te lo vas a merecer nunca.

Pedir demasiado

Solo quiero que me quieras,
o por lo menos que lo intentes.

Solo quiero que lo intentes,
o por lo menos que me mientas
para que crea que lo estás haciendo.

Solo quiero que me mientas,
o por lo menos que dejes de mirarme
de esa manera cada vez que nos cruzamos.

Solo quiero que dejes de buscarme
o, por lo menos, que todo esto se acabe
si no vas a quererme aquí.

Lo saben

Tu amiga lo sabe porque se dio cuenta
de la manera en la que has mirado
al mundo durante estos meses.

Mamá lo sabe porque escucha
cómo se te rompe la voz
cada vez que intentas evitar el tema.

El abuelo lo sabe porque
ya no tienes las mismas ganas
de contarle las cosas de siempre.

Tú lo supiste cuando
ya no eras capaz de pedir ayuda
para poder solucionarlo.

Pero solo tienes que intentarlo,
por ti y por un mundo que está
ahí fuera esperándote,
por la gente que sabe
todo lo que vales y que va a
ayudarte a caminar
si tú no puedes hacerlo.

Créeme, sanarás cuando
seas capaz de hablar de
todo aquello que te duele.

Poco a poco,
y cada vez dolerá menos.

Lo que quiero

Quiero que me dejes quererte,
a ti y a cada una de tus cicatrices
que, aunque te sigan doliendo
porque están llenas de miedo,
van a ayudarte a que no vuelvas
a estar al borde del acantilado.

Mamá

Mamá,
quiero volver a casa
con la maleta vacía,
con estas páginas que me están
pidiendo a gritos que las tire,
con los brazos abiertos
para poder abrazarte,
con lágrimas que solo
me hacen quemaduras,
con las piernas cansadas
de correr al no encontrar
un lugar tan seguro como tú.

Mamá,
necesito curar mis heridas antes
de tiempo para poder ayudar
a coser las tuyas,
calmar al monstruo de debajo
de mi cama para que no
tengas que ahuyentarlo
otra vez más.

Mamá,
quiero darte las gracias
por recordarme de dónde vengo
y al sitio al que siempre podré volver,
por enseñarme lo bonito que
puede llegar a ser que alguien
te quiera tal y como eres
y a la vez ayudarte a evolucionar.

Mamá,
te quiero fuerte,
todos los días
y para siempre.

Todo lo que sé sobre mí

Hace poco he empezado
a fijarme en lo que hay dentro de ti,
aunque llegue a confundirme un poco.

Hay días en los que
no te apetece salir de la cama,
aunque el cielo esté despejado,
no eres de muchas fiestas
ni de abrirte a los demás
tan fácilmente
y te da mucho miedo lo que la gente
llegue a decir sobre ti
a pesar de que digas lo contrario.

Pero también sé que lo que sientes
se va con el tiempo
y al final todo vuelve a su lugar,
que no pasa nada si todavía
no has encontrado tu sitio
y que necesitas tiempo para entenderlo,
para seguir adelante.

Sé que eres fuerte
y que todo estará bien.

Imposible

Eres ese sentimiento atrapado
que nunca voy a poder soltar,
como cuando te dejaste caer
sobre mis brazos
y a pesar de estar cansado
te agarré con fuerza
el máximo tiempo posible.

Y supongo que
todo cambió con el tiempo,
aunque ya no te pueda olvidar.

Seguir sin ti

No sé cómo hacer
para no echarte de menos.
Quiero volver a verte para
que nuestras manos puedan juntarse,
pero solo miro al cielo
para poder sentirme cerca de ti
y olvidar que estoy atrapado
en un silencio que
sin querer dejaste aquí.

Y creía que era más fuerte,
que en algún momento te olvidaría,
pero me caigo y me siento
un mentiroso porque te prometí
que podría seguir sin ti.
Me desespera no poder volver
a esos días en los que hacías
que me viera entre toda la multitud.

Ahora te llevo a todos lados
y en cada uno de mis recuerdos
para que no sea el vacío
el que crezca.

Para creer que en algún momento
voy a poder volver a verte.

Quizá

Quizá las dudas que tenía
eran una simple nube que me impedía
ver todo lo que tenía delante por cuidar,
sabiendo que podía caer en cualquier momento
si no me agarraba lo bastante fuerte
o si empezaba a confundir
el «me quisiste» con el «me querrás».

No pudiste evitarlo,
fuiste el ejemplo de que
hay finales que te obligan
a empezar desde cero.

Y aunque se supone
que el tiempo todo lo cura,
dime qué hago yo con un amor
que lo hizo todo oscuro
cuando yo solo quería luz.

Separados

Tengo mis ojos encharcados
porque saben que soy yo
a quien llamas cuando
no tienes nadie con quien bailar.

Mis manos están cansadas
de pintar un lienzo en el que
son todo grises desde que
decidiste llevarte el color.

Ahora dime,
¿qué quieres que haga con esto
si yo solo quería demostrar
que el amor adolescente también
podía durar toda la vida?

Especial

Ojalá que mi mirada te ayude
a encontrar cualquier respuesta
y que la tuya me conteste
cada vez que me cruzo con ella.

Cada día me esfuerzo más
por demostrarte de lo que
seríamos capaces,
que estoy aquí,
de lo mucho que se
eriza mi piel cada vez
que oye tu voz porque eres
como un abismo en el que
estaría encantado de caer.

Necesito saber
qué va a pasar con nosotros
porque nunca antes
había querido tanto
que alguien se quedase,
aun sin conocerle al completo.

Porque, al final,
eres diferente a los demás.
Y siempre harás que me
sienta alguien especial.

Museo

Tienes que irte lejos,
hasta que aprendas a abrir
nuevas puertas que te ayuden
a coser todas las heridas
que te has hecho por
culpa de los demás.

Me jode que no puedas
verte con mis ojos,
porque así podrías salvarte
cada vez que los tuyos se inundan
al no recibir todo el amor
que eres capaz de dar.

Necesito que grites tu silencio
para que puedas enamorarte
de lo que hay dentro de ti.

No quiero que seas un museo
que no es capaz de pararse a admirar
todo el arte que hay dentro de él.

Estrellas

Han pasado dos años
desde que decidí quedarme aquí,
porque desde donde te veía
hacía tiempo que había dejado
de buscarte.

Estaba perdido y me prometiste
enseñarme a no hacerme más daño,
pero solo te acordaste de
mandarme cartas a medio escribir
y de las que ahora no soy
capaz de hablar.

Y aun después de todo,
sigo esperando a la persona
que me ayude a contar
las estrellas de mi piel,
que nunca dejaron de brillar.
Aunque pensara que
no encontraría la salida,
aquí siempre tuve un hogar.

Alguien mejor

No sé si podré pedirte perdón
por abandonarte para
cuidar una luz
que se está apagando
cada vez más
y por hacer que te sientas culpable
por no luchar por esto,
sabiendo que a lo mejor
el problema es que soy
demasiado egoísta
y no pude dejar de pensar
en todo lo que no he sido
capaz de explicarte.

He tenido que cerrarte la puerta
porque no quiero volver
a echarte de aquí,
con un ruido enorme
que solo grita que
no voy a ser suficiente para ti.

Y te escribo esto aguantando
cada una de las lágrimas
que no he podido darte nunca
porque pensaba que
así te irías,

sin tener la culpa de nada,
con las miradas más sinceras,
con un «te quiero» que
por un momento hacía
que me olvidase de todo lo demás.

Pero al final del día
siempre sabré que te mereces
a alguien mejor que yo.

A tu lado

Ayúdame a encender la música
que falta aquí dentro,
enséñame a bailar después
de reírte al ver lo mal que se me da,
terminemos la serie
que me dejé a medias,
acompáñame a ver el atardecer
para que me acuerde de ti
cada vez que lo vea,
quédate a mi lado
haciéndome feliz.

Mientras curaré lo que
otros no quisieron cuidar.

Cara B

Me estoy engañando.
Sé que este no es mi sitio.
Y, aunque siempre termine apartado
de algo que pensaba que era especial,
no quiero irme ni acabar
perdido en una ciudad
que nunca me he atrevido
a conocer solo.

Pero ya no voy a quedarme
hasta tarde pegado al teléfono
por si deciden contestarme
ni voy a seguir fingiendo que vamos
a conseguir ser algo especial
cuando al final siempre
se van a llevar una parte de mí.

¿Desde cuándo para querer
a alguien hace falta dejar
de quererse a uno mismo?

Volver a verte

Sigo sin saber por qué
estamos forzándonos
cuando los dos tenemos ganas
de terminar esta conversación
que solo hace que acabemos
llorando por algo que no podemos arreglar.

A lo mejor necesitamos más tiempo
para olvidar lo mucho que
nos ha costado estar lejos y poder crecer,
para poder curarnos de lo que
nos hicimos sin querer,
para poder escribir un mensaje
que nunca fuimos capaces de enviar.

Contigo

Deja que me quede
acariciando cualquiera
de tus rincones mientras
que tus ojos me desafían
como lo han hecho siempre
hasta que me pierdo en ellos.

No sé a dónde vamos
y nunca lo he sabido,
pero sé que contigo
me despedí de un recuerdo
que pensaba que nunca se marcharía
hasta que me enseñaste
a bajarme la luna
y a dejar de perseguir estrellas
que solo hacían que me alejase más de mí.

Ahora estoy entre tus brazos
y cada centímetro de tu piel,
sabiendo lo efímeros
que podemos llegar a ser
y que a la vez me quedaría
agarrado a tu mano para siempre.

Quiéreme de la manera
más pura que puedas,
ya sea lejos de aquí
o en las mismas escaleras
donde nacieron las primeras flores.

Por favor,
no quiero obligarme a olvidar
aquel septiembre,
la primera mirada,
tus besos,
las canciones
o el querer de verdad.

Porque quiero quedarme contigo,
aunque tenga que esperarte.

«*Kisses and coffee*»

Lo que un día me susurraste
entre uno de los besos que
nos ayudaban a encontrarnos.

El brillo en los ojos
de cualquier pintor
al ver el arte que creaban
nuestras manos cuando se unían.

La manera en la que
nos buscábamos en
cualquier café.

Estábamos tan rotos
y a la vez tan felices juntos,
que cualquier artista lo hubiera
mandado todo a la mierda
por tenernos en su museo.

Llegará el momento

Espero que en algún momento
podamos continuar nuestra historia
sin que las dudas sean culpables
de cambiarnos hasta que
sentimos que estallamos
y que no lo podemos controlar.

Espero que el mar
vuelva a encontrarnos
cuando yo no tenga que mentirme,
cuando tú me dejes regresar.

Por favor

Aún hay temas de
los que debo hablarte,
pero no quiero que por ello
dejes de ver las estrellas a mi lado.

Necesito que me abraces fuerte
y me hagas olvidar eso
que mi cuerpo quiere
y mi corazón le niega.

Las luces de esta ciudad
cada vez brillan menos
y solo te pido que
me lleves a casa;
sabes que no podré
hacerlo por mi cuenta.

Hazlo a pesar de que
pienses que esta va a ser
nuestra última conversación.

Pocas cosas importan más
cuando crees que lo que
sientes es amor.

Apagar el fuego

Sé que hace tiempo
todo se rompió por
lo mucho que duele el amor,
cuando lo único que te importa
es también el motivo por el que
no puedes soportar más golpes.

Sé que ya no te molesta
cambiar cosas de ti
por si eres tú quien está
haciéndolo mal,
por si eso que te encoge
tanto el pecho decide irse.

Pero no quiero que
te quedes más veranos
llenos de nubes pensando
en que es normal sentirse vacío
y tener constantemente esas
ganas de vomitar que, por más
que lo intentes, no se van.

Por favor,
huye de lo que te rodea
para que puedas ver

qué es lo que está fallando,
hasta que dejes de intentar
gustar para conseguir gustarte
o de perdonar por miedo
a que el daño aumente.

Quiero que seas quien eres
realmente cuando nadie te ve,
cuando los recuerdos
ya no puedan incendiarlo todo,
cuando ya no vayan a por ti.

Porque creo que así
encontrarás la manera
de apagar el fuego.

Creceremos

Los primeros besos,
un «te espero en tu puerta»
y los famosos «espero que hoy no llegues tarde»,
todas nuestras sonrisas más sinceras,
los abrazos que sin hablar pueden
hacerte sentir como en casa.

Los amigos de siempre
que, cuando llegue el momento,
se convertirán en los de la infancia,
aquellos que no están a nuestro lado
pero que a la vez sentimos tan cerca,
esos que sabes que,
aunque pasen los años,
vas a seguir teniéndolos ahí.

Y creceremos,
puede que olvidando
todas las cosas que en su día
prometimos recordar.

Pero supongo que así funciona el amor.
Querer mucho sin preocuparnos
por todo lo demás.

Porque nunca sabremos
lo que es el amor sin despedidas,
sin miedo,
sin lucharlo.

Lo que sí sé es que quiero seguir sintiéndolo con vosotros.

Decir adiós

El amor volverá,
pero no de la misma
manera en la que llegaste tú.

Aunque no sea de tu mano
por cualquier calle de Madrid,
aunque ya no nos queden rincones
para poder escondernos de las despedidas
que nos han dado tanto miedo,
aunque la poesía ahora tenga ese sabor
amargo que solo me da ganas de vomitar
porque todo lo que escribo tiene tu nombre,
aunque el primer amor sea
el más eufórico de todos.

El amor volverá,
aunque ahora no sepa cómo dejar de quererte.

Recuerdos

Por mucho que lo intentes,
siempre vuelven
y, aunque parezcan fugaces,
terminan absorbiéndote
hasta que sientes que tus huesos
están a punto de romperse,
obligándote a que no puedas olvidar,
obligándote a que no puedas arreglar
algo que no se debería de desmontar.

Los mismos recuerdos que te hacen
aprender de algo que nunca
te has merecido y que seguramente
no puedas llegar a entender jamás.

Hasta que encuentres
la manera de ordenarlos
(o de esconderlos hasta que estés listo para hacerlo).

Un año difícil

Ha pasado un tiempo
y sigo sin saber qué me pasa
cuando aumentan esas ganas
de enviar un mensaje que diga:
«Vuelve a casa, por favor».

Siento que no seré capaz de cambiar,
porque algo tiene que pasar
para que consiga aferrarme a
esa poca luz que a veces
se quiere ir de aquí.

Paso noches sin dormir
porque odio dejar a medias
cosas a las que prometí poner un final,
pero estos meses han sido
algo complicados
y me pongo a pensar
en todas las noches en las que
me despierto para no revivir
tantas malas decisiones,
para no amanecer en un sitio donde,
durante tanto tiempo,
nadie ha podido conocerme del todo
y entender lo que no puedo explicar.

Pero supongo que solo ha sido un año difícil.

Espejos

Intentar cambiarnos
es un arma de doble filo
que nunca hemos podido evitar,
capaz de asfixiarnos para que
no podamos respirar,
de acercarnos
a todo de lo que deberíamos huir.

Siempre tuve
el maldito presentimiento
de que alguna vez algo fallaría,
aunque yo no quería
dejar de quererme.

Porque vivimos en un mundo
en el que tú mismo te obligas a cambiar
para terminar perdido en una habitación
llena de espejos en la que nunca
te podrás reconocer si no luchas por salir.

Manual para sanar corazones

Para buscar soluciones hay que empezar desde el principio, indagando en la herida para poder ver la mejor manera de curarla.

Mientras tanto, ponle ganas a todo.

A luchar por ese sueño
que tienes guardado en el cajón,
a mirarte en el espejo más veces
de las que lo haces,
a olvidar a la persona que nunca
decidió preocuparse por ti,
a besar a quien pensabas
que nunca te atreverías a buscar,
a fijarte en si tu entorno es feliz,
a corregir tus errores para evitar
dañarte y dañar a otros,
a preguntarte a menudo si está todo bien,
a confiar en que todo lo que
parece desordenado encontrará
su sitio en cualquier momento.

Ahí está la clave.

Lo que nos cambió

Nunca te he sentido tan lejos.
Somos solo dos desconocidos
que un día dejaron de quererse
porque no aguantaban más
ese dolor que les recorría
el pecho.

No sé si tú querías marcharte o
volver a intentar cambiar algo de mí
que no tenía por qué irse.

Puede que yo siga sin saber qué hacer,
pero últimamente me acuerdo de ti,
de lo mucho que tardé en darme cuenta
de que no tenías nada para dar,
que no era yo el que debía aprender
a calmarte cada vez que la ira salía de ti,
como si tuviese la medicina para solucionar
todo lo que cada vez iba a peor.

Que no podía curar a alguien
que hacía que dejase de buscar motivos
por los que debiese quedarme ahí.

Escondite

Sabes que todo se está descarrilando
y aun así sigues jugando al escondite
para que nadie te encuentre.

Sé que no te gusta
estar siempre alerta,
que en el fondo estás cansado
porque salir a flote no es
tan fácil como dicen.

Te jode,
ya no sabes ni quién eres,
y puede que tampoco
de qué te escondes.

Pero no vas a seguir siendo así de frágil.
Te da igual que duela.
Te da igual que tarde.
Pero necesitas ganar el juego.

Autosabotaje

Pedí ayuda acompañada
de ira,
voces
y alguna que otra lágrima.

Pedí ayuda aun sabiendo
que lo que venía era aún
más difícil que todo de lo que
había escapado.
Lo hice para poder rescatar
lo poco que me queda en un sitio
que ya no siento que sea un hogar,
para evitar perder una batalla
que solo se oye desde dentro
y que hace tiempo que dejó
de ser un uno contra uno.

Pedí ayuda esperando que,
de alguna manera, llegase por fin la calma.
Esperando poder dejar de luchar.

No tengo la culpa

No tengo la culpa de
que no pueda dar mi opinión en
un mundo en el que nunca
se me ha dado ni voz ni voto
porque hay gente que tiene
tanto odio que puede utilizarlo
para hacerme daño.

Porque puedo sentirlo,
un odio del que no tengo la culpa.

Ni yo
ni los que aman a escondidas.

Ni yo
ni las que tienen miedo
de volver a casa por la noche.

Ni yo
ni ese niño que pasaba cada recreo
en una esquina del patio.

Ni yo
ni quienes se obligan a cambiar
su cuerpo para que los demás

sean capaces de mirarlos
con otros ojos.

Ni yo
ni los que desean desaparecer
para dejar de buscar su lugar.

Porque es tu culpa.
Y sí, oímos el odio a kilómetros
y a unos niveles extremos
con cada palabra que utilizas
para machacarnos,
para perfilar el mundo a tu manera,
para que no podamos huir,
para que dejemos de ser nosotros.

Punto de partida

Desde arriba todo se ve
tan claro que ya no sé
si debo bajarme.

Voy a dejar de intentar
mantenernos vivos
porque no tengo otra elección:
eres tú o soy yo,
y bastante he viajado
para poder encontrar
un lugar en el que me pueda quedar.

Hasta que dejé
de darte demasiado
para que te cansaras de fingir
algo que a mí me hacía
dudar constantemente,
algo que solo me dio razones
para correr lejos de ti.

Indicios

Preferiste callarte porque cuando pedías ayuda
solo era el silencio quien quería atraparte.

Te sentías copiloto aun estando a solas
porque estabas demasiado cansado
como para seguir viajando.

Lo pensaste mil veces porque no querías
volver a escuchar que estabas exagerando,
que el problema lo tenías tú.

Terminaste bloqueándote porque,
por más que lo intentases,
sabías que nada iba a cambiar.

¿Necesitabas más señales
para darte cuenta
de lo que estaba pasando?

No cambies por mí

Siempre me dejas
en medio de una cuerda floja
para que caiga
o para que no me pueda alejar de ti,
sabiendo que estoy obsesionado
por terminar historias a medio escribir
que soy incapaz de continuar
si tú no estás en ellas.

Al principio pensé
que era yo el problema,
que intentaba disimular
palabras vacías
en una conversación
que nunca quieres empezar,
creyendo que esta vez
va a ser distinto
y que me vas a dejar marchar.

Porque no puedo dedicarte
ni una lágrima más
para que me quieras
de la manera en la que
yo lo hago,
para que prometas algo

que sabemos que no vas
a tardar en olvidar.

Ya por lo menos lo sé,
que da igual todo lo que cambie,
vas a seguir siendo tú,
con un imán que me asfixiaba,
pero que desde hace tiempo
dejó de unirme a ti.

No cambies por mí.
Ya me ocupo de quererme mucho.
De quererme bien.

Un último abrazo

Necesito silencio,
siento que en cualquier momento
voy a equivocarme.

Apuesto a que
si me tomo un descanso,
alguien ocupará mi lugar
y no puedo culparte por ello.

Pero antes te pido que te quedes
solo un par de minutos
para que me abraces fuerte,
para que no sienta nada más.

Por si lo necesitas

Todo forma parte de
un mismo proceso,
aunque tengas que pausarlo
porque aún no estás listo
para caminar.

Y muchas veces evitamos
acordarnos del dolor para
que así no se quede con nosotros.
Pero hay otras en las que
es el dolor el que
nos ayuda a escribir
un nuevo comienzo
para que podamos avanzar
y perdonar.

Dolerá

Tienes miedo aun sabiendo
que solo vives una vez
y que todo pasa rápido,
ya sea el vacío de una despedida
o los abrazos que creemos eternos.

Y al final terminarás
caminando de la mano de
todo lo que un día dejaste atrás
y de lo que serás a partir de ahora.

¿Cuándo dejará de doler?

Dolerá menos cuando lo llores,
cuando dejes de buscar explicaciones,
cuando escribas lo que sientes,
cuando pidas ayuda,
cuando te acuerdes de mirarte
en el espejo todos los días,
cuando termines ese libro
que nunca llegaste a acabar,
cuando grites hasta deshacerte
de todo lo que has escondido
y no quieres ocultar.

Dolerá menos,
te lo prometo.

Porque habrás encontrado
la manera de decir adiós.

En llamas

En el fondo sé que el error fue mío,
por buscar soluciones en un sitio
que siempre está en llamas,
donde solo se pide ayuda
sin la que no podré salir.

Y me duele
intentarlo todo mil veces
y que solo vea que retrocedo,
que estoy perdiendo
una versión de mí
que pensaba que nunca echaría de menos.

Hasta el punto de no saber
qué será de mí después de esto.

Culpable

No quiero ser el culpable
de trazar una línea
que me divida entre lo que
siempre he querido tener
y de lo que ya no puede
quedarse más aquí.
Podría equivocarme
y no voy a mentirme más.

Ni a mí ni a todas las fotos
de mi habitación
que me recuerdan a todos nosotros.

Ni a mí ni a esa noche
en la que tuve que prometerme
que no iba a volver más.

Ni a mí ni a las maletas
que están desordenadas,
pero listas para viajar.

Tu lugar feliz

Voy a llevarte a un sitio
en el que quieras dar más de ti
sin que temas olvidarte de
las ganas de luchar
cuando creas que vas a perder,
donde todas tus lágrimas
sepan nadar hasta que encuentren
alguna herida que poder sanar,
donde te des cuenta
de que eres bienvenido
y que no hay nadie que te pueda juzgar.

Quiero llevarte allí para que
entiendas que cuando te tienes a ti,
siempre tendrás un hogar
del que volar
sin miedo de caerte,
en el que puedas cuidarte
sin necesitar a nadie más.

Fui yo

Fui el que corrió
por todas las calles
para buscarte
antes de que me dejases aquí;
fui el que odió
los golpes de realidad
porque no quería
decirse la verdad;
fui el que no se acordó
de todas las veces en las que
le dijeron que el amor
no funcionaba de la manera
en la que se suponía
que lo estaba viviendo;
fui el que te dedicó
cada una de estas putas páginas
para que intentases cambiar
algo que no creías que
fuese un problema.

Fui el que te quiso
de la manera más sincera posible,
al que le costó demasiado decirte adiós.

Después de todo

Tiraré del hilo que nos une
y sé que aun así seguirás sin soltarlo,
aunque se rompa.

Y dueles más de lo que debes,
pero prometimos luchar
por lo que tenemos,
porque siempre has odiado tirar la toalla
y yo tampoco me quiero rendir contigo.

Después de todo este tiempo
sé que hay algo dentro de ti
que quiero que se quede
para siempre.

Cambios

Durante todo este tiempo
sabía que podía pasar,
me sentía desnudo
y sin poder aceptar la realidad.

Pero cuando ese momento
llegó no pasó nada,
aunque sabía que
todo era una mierda
y que nadie me podría ayudar.

Todo giró tan rápido que terminaron
las cosas otra vez en su lugar,
incluso las más desordenadas
que pensaba que perdería.

Ahí me di cuenta;
todo vuelve a su sitio
cuando eres tú quien
cambia la forma de ordenarlo,
hasta si ves que se acerca el final
y una voz te pide
que te quedes
porque necesita que veas
que no era tan difícil como
te lo imaginabas.

Que siempre se puede seguir el camino,
da igual si no estás seguro
de cómo sentirte,
si no es con la misma gente,
si tienes que correr hasta cansarte
o si haces una pausa
para evitar caer.

Todo gira,
todo cambia.

Con el tiempo va a volver a su sitio.

Tienes que ser paciente.
Al final, sanas.

Soy mi propio miedo

Cuando el mundo hace
que me sienta diminuto,
me acuerdo de aquel niño
que soñaba con crecer y crecer
sin saber realmente cómo hacerlo.

Aquel niño de mariposas
y atardeceres que ahora no quiere
seguir conociéndose por si descubre
que la poesía que tiene dentro no
son más que letras desordenadas
y rabia acumulada
que evitan que se le parta
el pecho en dos.

El que no tiene miedo de luchar,
pero huye de aferrarse a cualquier
persona porque los abrazos
dejaron de parecerle algo importante.

El que salió del aislamiento para poder
correr contra gritos que querían
obligarle a que retrocediera
cuando él solo quería encontrar
un sitio donde poder sentirse seguro.

El que pensaba que el silencio
era solo para valientes,
pero que vive rodeado de personas
que no son capaces de estar
a solas con ellas mismas
para no descubrir así su caos emocional.

Ese niño que ahora baila
constantemente con sus recuerdos
para poder curar a quienes
viven presos en los suyos.

Nos dimos cuenta

El tiempo nos ayudó
a cambiar lo que en su día
pensábamos que nunca se
iría de nuestro lado.

Y, aun así,
nos costará entender
el motivo por el que
se marchan las personas
más importantes de nuestra vida,
echaremos de menos
a las voces de nuestra cabeza
que nos advertían del peligro,
viviremos fuera de nuestra película
porque tendremos miedo
de como podamos terminarla.

Ahora lo comprendo.
Nada estaba cambiando
hasta que supimos cómo curar
tantas cosas que nunca pensamos
que se romperían,
hasta que encontramos
la manera de aceptar
que no iban a volver.

Hasta que nos dio igual
volver a tener miedo.

Hasta que el final
dio comienzo a otra nueva historia.

Después de la lluvia

¿Y si vuelvo a tener miedo?

Un día mi padre se sentó en un extremo de mi cama mientras que yo era un completo mar de lágrimas que intentaba mantenerse lo más fuerte posible para no derrumbarse delante de él. Aunque no me preguntó qué me estaba pasando, me abrazó mientras me decía: «Hijo, todos los días grises se terminan, recuerda que siempre va a salir el sol». Y en ese momento no creo que comprendiese todo lo que significaba aquella frase porque tenía demasiado miedo como para entenderla, como para poder arreglar todo lo que no encajaba a mi alrededor.

Pero el dolor se acaba, hasta cuando sientes que estás en mitad de una guerra civil en la que luchamos contra esa voz de la que no podemos hablar y creemos que todo son retrocesos; llegarán personas que te enseñen cuál es la vuelta a casa, a hablar de aquello que nunca dijiste, que te acompañarán a ver las estrellas y museos a los que dejaste de ir.

Porque después de todo lo que ha llovido, encontrarás tu lugar feliz, donde no necesites ser constantemente valiente, donde Ander no tenga otro año difícil, donde no dependas de nadie para empezar de cero.

Todo forma parte de un mismo proceso en el que intentamos avanzar día a día, en el que todos los que temen intentan curar sus heridas más profundas para que no vuelvan a doler, en el que todos los que aman valoran a la persona que les ha devuelto las ganas de encender la música que faltaba dentro de ellos y a soltar a quienes hacían que todo fuera oscuro, en el que todos los que luchan gritan alto para ser quienes realmente quieren ser.

Yo fui mi propio miedo hasta que me di cuenta de que no quería un final así para mi historia, hasta que pude cambiarlo contigo. Porque recuerda que formamos parte de la generación de las mariposas, que van a levantarse las veces que haga falta y que no le tienen miedo a decir «te quiero», a pesar de que a veces pueda tener muchas consecuencias.

Hasta que entiendas que, aunque vuelvas a tener miedo, el amor siempre va a seguir estando ahí.

Porque el amor también es capaz de salvarnos, y decir adiós es otra forma de querer.

Poemas inéditos

Soy esto

Un poema de amor a medio acabar,
tejido de incongruencia,
mezclado con veinte dudas.
Un mensaje de madrugada
por si mañana ya no estoy.

Soy todo lo que pienso
cuando escribo sobre el amor,
cuando sé que le tengo miedo,
por si se convierte en algo banal,
caníbal,
que devore el tiempo,
que no me ayude a encontrarlo,
ni a calmarme,
que se aleje de ser real.

Soy esta espera,
y mi manera de despedirme
para no quedarme en ella.

Soy tus «te quiero»
y por eso sé que nunca más estaré vacío,
aunque espere,
aunque apriete los dientes,
aunque te pida quedarte

con la voz temblando,
aunque te eche de menos
sin volver a los sitios
que me hicieron adulto.

Soy todo lo que tengo dentro,
aunque a veces lo olvide.
Y cuando llegues,
mi nombre volverá a tener sentido,
y mi lenguaje será querernos.

Como quien no quiere irse,
como algo que siempre será eterno.

Eso que perdí

No quiero seguir apretando con fuerza
porque si soy incapaz de frenarlo,
no dejaré de sentir
este nudo en el estómago,
como si estuviera a punto de vomitar.

Vuelvo a tocarme el pecho.
Y respiro,
para reencontrarme
con historias que solo olvido.
Y respiro,
para recordar de nuevo,
lo mucho que duele acordarse.
Y respiro,
para poder gritar lo injusto
de tener que curar heridas
dejadas por alguien
que nunca supo sanarlas,
por alguien que jamás aprenderá a amar.

Respiro contando hasta cinco,
repitiéndolo hasta que me duermo.
Hasta que imagino que nada ha pasado.
Hasta que desaparezcas de esta vida.
Una vida que poco a poco
deja de ser mía.

Todo lo que hay aquí dentro

Hace días que siento
un dolor en el costado.

Porque tengo amor,
pero no sé cómo darlo.
Tengo amor,
pero no a quien lo merezca.
Tengo amor,
pero no creo que sepa sentirlo.
Tengo amor,
pero temo a quedarme sin nada.
Tengo amor,
pero con el pecho quemado,
de tanto guardarlo,
de querer arrancarlo de mí,
de no saber
si quedármelo.

Siempre lo dejo en espera,
buscando consuelo
en otros rincones que sepan calmarme.
Buscando respuestas
que aún no sé
cuando podré darme.

Me prometo

Te prometo que voy a construirte
una cabaña en lo más alto
de cualquier árbol,
y guardaré nuestras cosas
para que nunca puedan perderse.

Te prometo que pintaré estas paredes,
aunque al hacerlo descubra
que son de papel,
que desde fuera se escucha
si hablo demasiado alto,
que si rasgo romperé
lo único que me protege
de la tormenta.

Te prometo que no tiraré
los recuerdos que aún sostienen
a quien fui un día,
y que los acariciaré con cuidado
hasta abrazarme a mí mismo.

Te prometo que no me encerraré aquí,
aunque me dé miedo salir de casa.
Aunque no sepa si estoy listo
para seguir caminando.

Te prometo que voy a pensar en mí.
Estoy cansado de olvidarte.
Porque al final del día
me encuentro en el espejo
y no soporto seguir mirándome
con estos ojos.

Porque quiero
seguir descubriendo el mundo
y encontrar un hogar dentro de mí.
Sin quedarme estancado.
Sin tener miedo de perderlo.

Quien soy

Sigo esperando acurrucado,
al lado de la puerta,
sin saber si me estoy salvando,
o si soy yo mismo
quien me obliga a consumirme.

Aprovecha.
Coge esta última oportunidad
y apuñálame si crees
que no debería de estar viviendo esto.

Es triste,
seguiré sin entenderlo,
y bailaré con la duda
hasta saciarme
de todos esos sueños
que ahora se han vuelto rutinarios.

Porque he vivido
como si nada de esto importara.
Olvidándome de cuando me quejo,
de lo mucho que aprieto los dientes,
del vértigo de caerme
sin saber a qué altura estoy.

Por si rompo esta piel
de la que ya no nacerán palabras
que puedan volver a sentirse escuchadas.

La última tarde de agosto

No te digo como me siento
porque sé que vas a evadirlo,
que vas a mirar hacia otro lado
y que vas a volver a sonreír
como si no pasara nada,
sin importarte como me siento
ni lo muy roto que me has dejado.

Sabes lo que pasa
cuando me tocas
reafirmando tu autoridad,
sabiendo las marcas
que dejaste sobre mí aquel día,
sabiendo que no mereces
que te siga escuchando,
sabiendo que ya me perdí una vez
por culpa de alguien
al que no le importaba
lo que estaba sintiendo,
sabiendo que solo me has querido
tener como a un trofeo
porque nadie va a entender nunca
las heridas que recorren tus brazos,
sabiendo que ahora pienso
que no merezco algo mejor.

Al final del día
vuelvo a pedir que te marches
porque yo no soy capaz de hacerlo,
aunque intente convencerme,
aunque tenga claro que no valemos lo mismo,
aunque todo el mundo sepa
lo que pasó aquella noche,
aunque me haya cansado de intentar cambiarte,
aunque el tiempo te haya dejado
estancado aquí dentro,
aunque crea que gracias a esto
no puedo continuar aquí.

Y es que no puedo hacer nada más por ti,
pero espero que algún día te des cuenta
lo mucho que confundes el amor con el dolor.
Y que por ello ahora me duele sentirlo.

Sentirme lejos

Hay recuerdos con los que me da miedo
reencontrarme.

El camino correcto
siempre estará en dirección a casa,
aunque a veces piense
que la encontraré vacía
por haber pasado tanto tiempo lejos,
por no haberla cuidado
como me prometí un día,
por si despierto en una cama
que empiezo a sentir extraña,
como si no perteneciera a este lugar.

Todo está cambiando,
y no puedo quedarme quieto
si las nubes rugen detrás de mí.

Soy un niño que lucha
por correr hasta sentirse adulto,
por enfadarse al no saber hacer
las cosas de otra manera,
por juzgarse
por no valorar lo cotidiano,
por transformar el amor en algo pasajero.

Y no quiero parar,
aunque ese sea el mayor acto de amor
que pueda regalarme,
porque siento que estoy viviendo
partes de mí
que juré que nunca sentiría.

Porque quiero recorrer
cada uno de mis rincones
para aprender a cuidarlos.
Porque quiero sentirme más humano.

Elio

Mi mañana se cruzará
con lo frágil de tus ojos.
Escucharé tu corazón
y empezaré a sentirte parte de mí,
porque me estoy entregando
para poder hacerlo.

Me gusta la idea
de que estarás conmigo en esta vida,
hasta quedarte en mis recuerdos
cuando me llames por tu nombre
y yo te responda con el mío,
hasta que la electricidad de mi cuerpo
sea incontrolable
y tenga que aprender
a mirarte desde cero.

Será la sencillez de quererte
sin pensar en cuando termine el viaje,
porque mi piel llevará tu letra,
para que no me importen los finales,
para que te quedes para siempre.

Y sentiremos el furor
de una noche que solo será nuestra,

hasta que seamos
lo más brillante de este mundo,
hasta que pueda llamarte
amor.

Nuevos comienzos

No sé si he encontrado un hogar,
porque siempre que lo siento
termino huyendo,
hasta dejar un vacío
donde solo resuena el eco,
un hueco
que intento llenar de nuevo,
del que seguro me cansaré
hasta ahogarme.

Nunca quiero frenar,
y recuerdo que llevo meses
repitiéndome sin descanso
todo lo que queda dentro de mí,
lo mucho que siento,
las vueltas que le doy hasta arrepentirme,
mi falta de coraje para vivirlo.

Me invento miedos,
me tropiezo con otros antiguos;
no quiero evitarlos,
pero menos tener
que enfrentarme a ellos.

Sé que no puedo llorar lo que aún no he vivido,
pero hablar de amor siempre me ha costado.
Aunque hace poco escribí
sobre lo que queda al final del mar,
sigo sin saber nadar desde la orilla.

A veces imagino lo sencillo que sería
gritar lo que escribo.
Quizá solo necesite un poco más de tiempo.
Quizá solo me asustan los nuevos comienzos.

Lo que has dejado

Te veo desde abajo,
encontrándome en cualquier reflejo,
corriendo en mitad de la calle
de una ciudad vacía,
de una ciudad en silencio.

Todo está en pausa
desde que te fuiste,
y aun así la gente
sigue conociéndose,
sigue queriendo,
y no comprendo
por qué solo yo
me encuentro con recuerdos.

Pienso en aquella vez que brindamos,
cuando reías antes de salir a cenar,
en la vez que me diste una oportunidad
que ahora me obliga
a escribir todas estas letras.

No sé si en algún momento
volveremos a encontrarnos,
pero encárgate de cuidar
todo lo que has dejado aquí.

A los que reviven constantemente esa noche,
y que te llevan grabada en la piel,
a los que siguen celebrando la vida,
para que tú los sientas desde allí.

Todas mis preguntas

Me hago preguntas
sabiendo que no hay medida
que pueda contenerlas,
hasta forzarme a responderlas.

No sé de dónde nace el odio
si en mí solo hay colores
para mostrarme de mil formas,
con mil «te quiero»,
por mil razones.

No sé de dónde surge la duda,
si lo único que encuentro son muertes,
si los ojos se desvían,
si los oídos se llenan de silencios;
cuando el culpable se sienta a tu lado,
confiando en la exageración,
repitiendo que no es para tanto
lo que exige esta lucha unánime;
jurando que todos deben de ser libres,
mientras que no griten por bandera
lo que arde en el pecho,
asegurando que lo natural
nunca será lo que a mí me nace de dentro,
afirmando que siempre habrá

dos versiones de la historia,
sabiendo desde el inicio
cuál será la que quede escrita.

Me hago preguntas
porque el cambio nunca llega.

Me hago preguntas
porque tengo miedo
de que me arranquen el derecho
de poder seguir haciéndomelas.

Las rimas que jamás escribí

La poesía me llama,
me acorrala,
me asfixia,
hasta hacerme vomitar
secretos que quiero esconder,
incluso cuando considero
que el arte es el culpable
de que congele recuerdos
que ahora serán más difíciles
de hacerlos marchar.

La poesía me odia,
porque me hace darme cuenta
de que escribo lo que
nunca seré capaz de decir,
lo que jamás seré capaz de gritar.

La poesía me obliga
a quererme hasta cuando
destrozo la yema de los dedos,
porque sabe que
soy yo quien llora mis letras,
aunque las necesite para superarlo todo,
soy yo quien se arma de valor,
aunque me cueste ahogarme,

soy yo quien se mira a los ojos,
aunque me rompa cada vez
que me encuentro con
demasiados silencios.

La poesía me cuida,
porque sabe que ella es
todo lo que tengo
para poder sentir que
estoy aprendiendo,
que estoy creciendo.
Aunque tenga que formar
parte de mí para poder hacerlo.
Aunque me aterre.

Porque sé que nunca se marcha.
Porque sé que está aquí dentro.

Cuando acabe esta historia

Pienso en lo difícil que será
despedirme de quienes pertenecen
a decenas de estos versos,
en lo mucho que habrá valido
haberlo vivido, haberlo sentido tanto,
aunque a veces me rompa al recordarlo.

Aprovecho antes de que termine,
para no sentirme egoísta,
para volver a los catorce
y recordar la ilusión de atreverme.

Ahora me da miedo sentirlo todo,
y no saber si me equivoco
al contar una parte de mi vida
que me llena de orgullo
y a la vez me hace diminuto.

La idea de ser artista se transforma,
y guardo estos recuerdos
en cajas que no cerraré del todo,
para cuando quiera seguir soñando,
para recordarme que siempre habrá
nuevos caminos para seguir creando.

Y seguiré queriendo ser artista,
y la ilusión que sentí aquel día,
en la que confié que sería suficiente,
me abrirá las alas para avanzar.

Ahora se acercan los veinte,
y aunque no he vuelto a tocar un pincel,
sé que nunca terminó de irse.
Sé que sigue acompañándome.
Sé que me ayuda a conocerme cada día más.

Y me quedaré en una generación de mariposas,
luchando por aquellas historias que no merecen final,
esperándote al final del mar,
acariciando mis cicatrices,
y recordando lo que nunca te dije.

Aunque escribir esto pueda tener consecuencias,
aunque los atardeceres no sean para siempre,
aunque el miedo decida volver.

Seguiré queriendo.
Seguiré queriéndome.

Agradecimientos

Quiero agradecer a todas las personas que me han inspirado a escribir cada uno de estos libros. Estos versos nacen de madrugadas de dolor, de tardes tristes y de días que suponen un comienzo. Nacen de aquellos momentos en los que, al sentirnos vulnerables, surgen nuestras mayores ideas.

Se lo agradezco especialmente a mi madre. Por ser tu lectura cada noche, incluso cuando estás cansada, o cuando tus días son un poco más grises. Gracias por cuidarme las alas, por ayudarme a decorarlas y por acompañarme a conseguir todo aquello con lo que he soñado.

A mi padre, a mi hermano y a toda mi familia. Gracias por recordarme que todos los días vuelve a salir el sol, y por enseñarme lo importante que es luchar por lo que anhelo, aunque sea en la distancia, aunque pase el tiempo. Por no dudar nunca de mí.

A mis amigos. A los que no están, a los que siguen aquí y a los que vendrán. Por emocionaros por mis logros tanto como lo hago yo por los vuestros. Por defenderlos con tanto cariño.

A Editabundo y a Penguin Random House, por seguir creyendo en mí y en todo lo que aún me queda por aprender. Gracias por confiar en mis historias. Nunca dejaré de agradeceros esa oportunidad tan grande que le disteis a ese niño que solo tenía ganas de cumplir un sueño.

Al Manu de los quince años que tenía miedo de descubrir quién era, al de diecisiete que solo quería volver a encontrarse y al de dieciocho que aún no estaba listo para enfrentarse a sus miedos. A todas las versiones de mí que no se marcharán nunca.

Y sobre todo a ti, querido lector. No importa si me diste la primera oportunidad hace cinco años, cuando apenas había cumplido los quince, o si es ahora la primera vez que nos encontramos. Esta colección es un regalo para mí, porque gracias a ti tengo la oportunidad de dejar un pedacito de mí en el mundo. Ahora, más que nunca, quiero proteger los principios que me han acompañado durante mis años de adolescencia. Ojalá que también puedan ser los tuyos.

Quiero seguir escribiendo para entender el mundo y para entenderme a mí mismo. Quiero escribir por justicia, por rabia, por deseo, por amor. Escribir para que quien me lea se sienta acompañado. Abraza lo que te hace único. Siente todo lo que puedas y permítete mostrar tu sensibilidad, incluso cuando alguien te diga que no debes hacerlo. Una de las partes más importantes de crecer es aprender a soltar, para así poder avanzar. Para poder seguir conociéndote.

Solo espero que, cuando te mires en el espejo, recuerdes quién eres y en quién deseas convertirte. Para que puedas querer mucho. Para que lo hagas con fuerza.

Manu Erena (Jaén, 2005) está estudiando el grado de Publicidad y Relaciones Públicas en la Universidad de Málaga. Desde muy temprana edad, comenzó a mostrar interés por diferentes disciplinas artísticas, como la lectura y la escritura, que se han convertido en sus pasiones.

Es autor de *Consecuencias de decir te quiero* (2020), fenómeno editorial con el que consiguió revolucionar las redes sociales; *Nos quedarán más atardeceres* (2022), otro poemario que cautivó a sus lectores, y *Aunque vuelvas a tener miedo* (2023), su último libro de poesía, con el que cerró un ciclo para poder seguir dando rienda suelta a sus horizontes. *Todos mis poemas hablan de ti* (2025) es su primera novela, con la que ha podido reflexionar sobre crecer, el primer amor y la valentía de aprender a afrontar nuestros miedos.

Escribe para entender el mundo, para entenderse a sí mismo. Para perder el miedo de arriesgarse y mostrar todo lo que siente.